Hacia la Nueva Jerusalén

Evolución histórica y profética de la Ciudad Santa

Diego Iglesias Escalona

CONTENIDO

Introducción   1

1   El Origen   5

Jerusalén en la historia antigua

En la Biblia

Melquisedec

2   Imperio egipcio   13

Relación entre los egipcios y el pueblo de Israel

Tutmosis III

Moisés y el éxodo israelita

La Dinastía XIX: Ramsés I, Sethy I, Ramsés II, Merenptah

3   Imperio asirio   23

El rey David

La invasión Asiria

4   Imperio babilónico   33

La destrucción de Jerusalén. Profecías de Jeremías y Ezequiel

La profecía de Daniel. El sueño de la estatua de Nabucodonosor

5   Imperio medo-persa   41

El Edicto de Restauración del rey Ciro II

Caída del Imperio medo-persa

6   Imperio griego   47

La invasión de Judea

Antíoco IV Epífanes y la revuelta macabea

Los Asmoneos

Pompeyo

7   Imperio romano   55

De Judea a Judaea

La profecía de Agabo

Jesucristo: revolución y punto de inflexión universal

Primera rebelión: la caída de Jerusalén, la destrucción del Templo
y el asalto a Masada

Segunda rebelión: Simón Bar Kojbá

Constantino I: el cristianismo legalizado

Los últimos días del Imperio romano de occidente

8   Imperio bizantino   73

Justiniano I

La fragilidad del Imperio

La decadencia del Imperio

9   La expansión árabe   79

Mahoma

Los Omeyas y las conquistas musulmanas de Palestina

Las Cruzadas

10   Imperio otomano   89

Origen del Imperio otomano

Expansión y crecimiento del Imperio otomano

Declive del Imperio otomano

Palestina bajo el control otomano

11   Estado de Israel   97

Nacimiento del moderno Israel: una nueva sociedad

El catalizador: el Imperio británico y la Declaración Balfour

Aliyáh a Tierra de Israel

El Estado de Israel y la guerra árabe-israelí de 1948

La guerra de los Seis Días en 1967

La guerra de Yom Kipur en 1973

Diferentes acuerdos y discrepancias

Conflicto entre Israel y Hamas en 2023

El Monte del Templo o Explanadas de las Mezquitas

12   Un reino eterno   115

Breve descripción sobre el libro de Apocalipsis

La venida del anticristo

La gran tribulación

El arrebatamiento de la iglesia

La segunda venida de Cristo: Siloh

Reinado milenial de Cristo en la tierra

El fin de los días: la Nueva Jerusalén

Historia de Israel: Cronología   139

Bibliografía   149

Jerusalén es una ciudad de Oriente Próximo, situada en los montes de Judea, entre el mar Mediterráneo y la ribera norte del mar Muerto. Para muchos historiadores la llamada 'llanura de Sinar', situada entre los ríos Éufrates y Tigris, era la cuna de la primera civilización, llamada 'Sumer'. Al norte se hallaba el imperio hitita; al suroeste, Egipto; al oriente y al sur, Babilonia y al noreste el imperio asirio. Desde luego, los israelitas estaban ubicados en un lugar geográficamente estratégico. Aunque el origen de su nombre es incierto, muchos eruditos coinciden en que proviene de la forma tanto sumeria como acadia *Uru-Salim*, apoyados por los descubrimientos de las Cartas de El-Amarna en Egipto, que significa 'ciudad de descanso o de paz'.

Sobre el año 2800 a.C., los sumerios ya estaban familiarizados con el gobierno de ciudades-estado, habían hecho uso de algunos metales y conocido la escritura cuneiforme. Muy probablemente, cuando Abraham llegó a la zona que hoy conocemos como Palestina, se impregnó de la cultura de aquella época.

Sin lugar a dudas, pocas ciudades en el mundo pueden presumir de tener una historia como la de Jerusalén. La Ciudad Santa ha sido cuna de tres grandes religiones: judaísmo, cristianismo e islam, ha atraído la mirada de gobernantes y emperadores a lo largo de los siglos y su apasionante legado ha sobrevivido al paso del tiempo.

Jerusalén es una de las ciudades más antiguas del mundo. Aunque la fundación de Jerusalén se remonta al año 1004 a.C., los restos hallados en las excavaciones arqueológicas de la zona revelan que el origen de Jerusalén es mucho más antiguo, y que los primeros asentamientos se produjeron en el milenio V a.C.

Según la tradición judía, el rey David de Israel y Judá conquistó Jerusalén en el año 1004 a.C. y la convirtió en capital de su reino unificado. La historia de Jerusalén entró así en una etapa de esplendor que la llevaría siglos más tarde a convertirse en Ciudad Santa para musulmanes, judíos y cristianos. El rey Salomón, hijo de David, amplió las murallas de la ciudad y construyó el gran Templo de Jerusalén. Tras la destrucción del templo durante la invasión babilonia, se comenzó a construir un Segundo Templo en la actual Explanada de las Mezquitas que sería completado durante el reinado de Herodes el Grande.

En el año 64 a.C., las tropas romanas de Pompeyo se lanzaron a la conquista de Jerusalén, que quedó anexionada al Imperio como Provincia de Judea. Gobernada por Herodes, Jerusalén extendió sus murallas embelleció sus calles e hizo otras grandes construcciones y reformas, sin embargo, la paz no duró mucho y Jesucristo, apareciendo en un momento crucial de la historia, lo sabía. Tan solo cien años después se desató la primera guerra judeo-romana, en el año 66 d.C. Las tropas del emperador Tito arrasaron Jerusalén, destruyeron el Segundo Templo y redujeron la ciudad a cenizas. Según el historiador Flavio Josefo, Jerusalén quedó tan destruida que era difícil imaginar que alguna vez hubiera estado habitada. Actualmente, el único vestigio del Templo de Salomón es el Muro de las Lamentaciones, el lugar más sagrado del mundo para los judíos. Sobre el año 129 d.C., Adriano puso en marcha un plan para la reconstrucción de Jerusalén como centro pagano cuya idea era intolerable para los judíos. Y el colmo fue cuando a Adriano, en un intento por borrar cualquier memoria de Judea del Israel antiguo, se le ocurrió cambiar el nombre del país de *Judaea* a *Palaestina* o *Palestina*.

Tras varias revueltas fallidas, Jerusalén pasó a formar parte del Imperio Bizantino, y llegó a ser una de sus cuatro sedes más importante. Los bizantinos expulsaron a los judíos e iniciaron la construcción del Santo Sepulcro en el año 326. A principios del siglo VII, los árabes conquistaron Jerusalén y la religión predominante en la ciudad cambió una vez más. Los musulmanes levantaron una mezquita en la roca donde, según dicen, Mahoma ascendió a los cielos: la Cúpula de la Roca. Tras cuatro siglos de dominación musulmana en Jerusalén, el Papa Urbano II anunció la Primera Cruzada, dispuesto a instaurar de nuevo el cristianismo en la Ciudad Santa. Jerusalén entró así en una etapa de disputas religiosas que culminó con la destrucción total de la ciudad, una vez más. Los últimos en gobernar durante un largo periodo de tiempo en Jerusalén fueron los otomanos. El sultán Solimán el Magnífico reconstruyó las murallas de la Ciudad Vieja y selló la Puerta Dorada, por donde, según la tradición judía, entrará el Mesías triunfante para liberar Jerusalén.

En la Primera Guerra Mundial, los ejércitos británicos asentados en Egipto avanzaron hacia Oriente, vencieron al ejército otomano y entraron en Jerusalén. La Ciudad Santa, enclavada dentro de Palestina, quedó bajo el mandato de los ingleses. Las tensiones entre británicos, judíos y árabes fueron en aumento, provocando revueltas y peleas constantes que desembocaron en una guerra abierta en 1948. La Sinagoga Hurva y otros edificios emblemáticos quedaron reducidos a cenizas. En 1950, la ONU declaró el Estado de Israel y Jerusalén se convirtió en su capital.

La importancia histórica y religiosa de Jerusalén parece no conocer fronteras desde tiempos inmemorables. Las últimas disputas por conquistar Jerusalén son bastante recientes. La Guerra de los Seis Días de 1967 enfrentó al Estado de Israel con sus vecinos árabes (Egipto, Jordania, Irak y Siria). Israel amplió las fronteras designadas por la ONU y ocupó Jerusalén. Desde entonces, Palestina reclama Jerusalén Este (y, por tanto, la Ciudad Vieja) como su capital. Israel, por su parte, considera Jerusalén como su capital eterna e indivisible, generando así un complicado conflicto.

En nuestros días, en 2023, un nuevo conflicto israelí se esta librando en Gaza acentuando más, si cabe, la incertidumbre tanto a nivel local como internacional. Hasta ahora, Jerusalén ha sido 12 veces destruida, 20 veces sitiada y 50 veces capturada. Las miradas de todos los pueblos del mundo se centran en la Ciudad Santa ¿Qué nos deparará todos estos enfrentamientos y disputas en el futuro? No solo la historia, también las profecías bíblicas hablan de ello. Vamos a averiguarlo.

El Origen

Pero Jehová había dicho a Abram: Vete de tu tierra y de tu parentela, y de la casa de tu padre, a la tierra que te mostraré. Y haré de ti una nación grande, y te bendeciré, y engrandeceré tu nombre, y serás bendición. Bendeciré a los que te bendijeren, y a los que te maldijeren maldeciré; y serán benditas en ti todas las familias de la tierra (Génesis 12:1-3, 'Pacto Abrahámico').

Nuestra historia comienza con el llamado 'Pacto Abrahámico', tan lejano como la Edad del Bronce al que pertenece, hacia 3150-1200 a.C. En dicho acuerdo, Dios dio instrucciones a Abram (posteriormente Dios cambiaría el nombre de Abram 'padre enaltecido' por el de Abraham 'padre de una multitud') para llevarse a su familia de su casa situada en Ur, una antigua ciudad del sur de Mesopotamia, e irse a una nueva tierra llamada Canaán, una región de Asia Occidental, situada entre el mar Mediterráneo y el río Jordán. En la actualidad se corresponde con Israel, Palestina (la Franja de Gaza y Cisjordania), la zona occidental de Jordania y algunos puntos de Siria y Líbano.

Este fue un pacto que contenía cuatro promesas principales. Promesas que serían renovadas varias veces -y con más detalles- en las Escrituras a los descendientes de Abram a través de Isaac y

Jacob, cuyo nombre cambiaría Dios más tarde por el de Israel que significa 'el que lucha con Dios' (Génesis 13:14-17, 15:1-7, 17:1-8, 32:27-28) y posteriormente ampliado bajo el gobierno del rey David o 'Pacto Davídico' (2 Samuel 7:10-16):

1. Bendecir a Abram y hacer de él una gran nación.
2. Engrandecer su nombre y ser de bendición.
3. Bendecir a los que le bendijeren y maldecir a los que le maldijeren.
4. Todas las naciones serán benditas en él.

En este trato, sin condiciones, podemos observar que, aunque la tierra pertenece a Dios, será habitada por su pueblo por todas las generaciones. Sin embargo, para los descendientes de Abram hasta hoy ha sido una lucha constante bajo el gobierno de varios imperios por mantener la posesión de esa tierra debido, en gran parte, a la desobediencia y el endurecimiento de los hebreos hacia los mandamientos de Dios. Otro aspecto importante y a tener muy en cuenta a lo largo de esta obra es que, de todos estos puntos, todos se han cumplido excepto el último. Sin dudas, algún día Israel se arrepentirá, será perdonado y recuperará el favor de Dios (Zacarías 12:10-14; Romanos 11:25-27) y la nación de Israel poseerá todo el territorio que le fue prometido (Génesis 15:18-21).

Jerusalén en la historia antigua

Ya en la Edad del Cobre, sobre el IV milenio a.C., muchas evidencias arqueológicas indican la ocupación de Ofel (2 Crónicas 33:14), una colina al sur del Monte del Templo en Jerusalén, ocupado por las ruinas de la ciudad de David. Muy posiblemente, en esa época, "Jerusalén era un pueblo sin amurallar y relativamente insignificante".[1]

Además de la Biblia y las obras del historiador judeorromano Flavio Josefo, los escritos más tempranos que hacen referencia a la ciudad de Jerusalén son los llamados 'Textos de execración' egipcios hacia 1850-1810 a.C., donde se menciona a una ciudad llamada *Roshlamen* o *Rosh-ramen*. Como buen servicio de

---

[1] Andrew G. Vaughn, *Jerusalem in Bible and Archaeology: The First Temple Period* (Atlanta: Society of Biblical Literature, 2003), sp.

inteligencia egipcio dichos textos, que se escribían normalmente sobre moles de cerámica con figuras antropomorfas, "contienen información para conocer las características topográficas, políticas, económicas o militares de sus posibles adversarios".[2] La finalidad de toda esta documentación es muy clara: la destrucción de los enemigos. Y *Roshlamen* estaba entre ellos. Un primer grupo de estos textos de execración o listas de proscripción, como también son conocidos, fue publicado por el egiptólogo y filólogo alemán Kurt Sethe en 1926 y ya contenían los nombres de más de 20 lugares de Canaán y Fenicia.

Por otro lado, hacia 1350 a.C., las famosas 'Cartas de Amarna', un gran número de tablillas de arcilla cocida cuneiformes escritas en acadio y descubiertas en 1887, contienen la correspondencia de reyes y gobernadores del gobierno egipcio a los faraones Amenofis III y Amenofis IV. Estas cartas están llenas de llamamientos a faraón para pedir ayuda contra unos invasores llamados 'Habiru'. Muchos autores tienen razones para pensar que los Habiru de las citadas Cartas de Amarna son los hebreos que intentaban apoderarse del país. Otros, sin embargo, aunque han querido identificar su contenido con la conquista de Canaán bajo la dirección de Josué, han indicado que las características de los Habiru no coinciden con las de los hebreos, tratándose más bien de grupos de mercenarios extranjeros. No obstante, se han hallado cartas de Adonisedec (rey cananeo de Jerusalén sobre el 1450 a.C., Josué 10:1-3) pidiendo al rey de Egipto que enviara soldados para que le defendieran de los 'Habiru'.

---

[2] Andrés Diego Espinel, *La Guerra en Oriente Próximo y Egipto* (Universidad de Salamanca), 317.

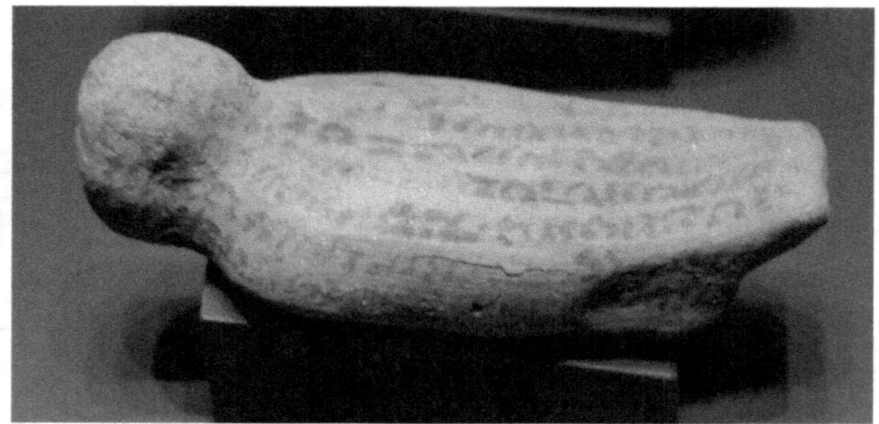

'Texto de Execración' en figurilla. Imperio Medio. Encontrado en Saqqara.

En la Biblia

Entre los descendientes de Adán nos encontramos con Noé que engendró a Sem, Cam y Jafet (Génesis 5:32). Después de la historia del diluvio que la Biblia narra, nos encontramos con Noé y sus tres hijos -junto con sus respectivas esposas- saliendo del arca para encargarse de repoblar nuevamente la tierra. En este contexto, ocurrió un triste espectáculo que conduciría a una profecía histórica:

Y los hijos de Noé que salieron del arca fueron Sem, Cam y Jafet; y Cam es el padre de Canaán. Estos tres son los hijos de Noé, y de ellos fue llena toda la tierra. Después comenzó Noé a labrar la tierra, y plantó una viña; y bebió del vino, y se embriagó, y estaba descubierto en medio de su tienda. Y Cam, padre de Canaán, vio la desnudez de su padre, y lo dijo a sus dos hermanos que estaban afuera. Entonces Sem y Jafet tomaron la ropa, y la pusieron sobre sus propios hombros, y andando hacia atrás, cubrieron la desnudez de su padre, teniendo vueltos sus rostros, y así no vieron la desnudez de su padre. Y despertó Noé de su embriaguez, y supo lo que le había hecho su hijo más joven, y dijo: Maldito sea Canaán; Siervo de siervos será a sus hermanos. Dijo más: Bendito por Jehová mi Dios sea Sem, Y sea Canaán su siervo. Engrandezca Dios a Jafet, Y habite en las tiendas de Sem, Y sea Canaán su siervo (Génesis 9:18-27).

Cam se burló del estado de embriaguez de su padre y por ello fue maldecido, mientras que la actitud de Sem y Jafet fue muy diferente y por ello fueron bendecidos. Sem, significa 'engrandecimiento' o 'renombrado' y recibió una bendición especial: sus descendientes perpetuarían el culto al verdadero Dios.

Una bendición genuinamente espiritual, pues Jehová sería el Dios de Sem (Gn 9:26). Sem fue el progenitor de la raza semita, a la cual pertenecían o pertenecen los babilonios, asirios, arameos, árabes y hebreos (Gn 10:21-32). Los hebreos, como los árabes, descienden de Arfaxad, hijo de Sem.

Jafet, que significa 'engrandecimiento' (Gn 9:27) sería el padre de las naciones de Europa y habitaría en las tiendas de Sem. Es decir, la raza hebrea debía brotar en todas las naciones europeas: los cimeranos (Gomer), los escitas (Askenaz), los medos (Madai), los jonios (Javán), los chipriotas o romanos (Quitim), Rodas (Dodanim), etc. (Gn 10:2-5).

Cam, significa 'tostado', 'moreno' o 'calor ardiente'. Los descendientes de Cam están principalmente conectados con Egipto y los países africanos como los cusitas o etíopes (Gn 10:6-20; Cf. Salmos 78:51, 105:23, 106:21-22). Debido a la irrespetuosa conducta de Cam hacia su padre, los descendientes de Cam -las razas africanas- debían de ser siervos de los descendientes de Sem y Jafet. Esta maldición se cumplió en parte cuando los semitas dominaron a los cananeos que, por cierto, no eliminaron por completo. Por ejemplo, a los gabaonitas se les hizo vasallos o súbditos (Josué 9:26-27). Siglos más tarde, la maldición tuvo un cumplimiento más amplio cuando los descendientes de Canaán, el hijo de Cam, llegaron a estar bajo la dominación de las potencias mundiales jaféticas como Medo-Persia, Grecia y Roma.

Con todo esto en mente, observamos que, según la tradición judía, Jerusalén tuvo que ser fundada por los descendientes de Sem: Arfaxad y Heber, hijo y nieto de Sem respectivamente, con el tiempo antepasados de Abraham. No obstante, los israelitas antiguos son también un grupo cananeo, pues de esa misma época data lo que viene a ser la fortaleza jebusea de Sion (Gn 10:15-16; Cf. Josué 18:28; Jueces 19:10; 1 Crónicas 11:4-5) que en el texto bíblico aparece en una referencia posterior identificada como Salem.

Melquisedec

En el capítulo 14 de Génesis se menciona que, después de un ataque militar de unos reyes invasores que habían tomado a Lot, hermano de Abram, como prisionero, junto con sus 318 sirvientes (Gn 14:14) Abram rescató a Lot y todos sus bienes. Mientras el pequeño ejército de Abram volvía, fue recibido por dos personas: por un lado, por el rey de Sodoma, quien le dio las gracias y le dio el botín que había ganado. Por otro lado, fue recibido por Melquisedec, rey de Salem y sacerdote del Dios Altísimo quien le bendijo y le ofreció pan y vino (Gn 14:18-19) figura ésta, por cierto, de la 'Cena del Señor' (Mateo 26:26-29) siglos más tarde. Por su parte, Abram le dio el diezmo de todo el botín.

La figura de Melquisedec, "cuyo nombre significa primeramente Rey de justicia, y también Rey de Salem, esto es, Rey de paz" (Hebreos 7:1-2), es tan repentina como enigmática y silenciosa. En el libro de Génesis aparecen multitud de datos genealógicos, sin embargo, no sabemos absolutamente nada sobre la descendencia de Melquisedec, es más: "sin padre, sin madre, sin genealogía; que ni tiene principio de días, ni fin de vida, sino hecho semejante al Hijo de Dios, permanece sacerdote para siempre" (Hebreos 7:3; Salmos 110:4). Como rey de Justicia y de paz y dándole Abram "los diezmos de todo" (Gn 14:20), no podemos ver a Melquisedec como un sacerdote más al uso de Aarón (hermano de Moisés), siendo un "sacerdote del Dios Altísimo" (Gn 14:18), sino como una figura de Cristo, aunque en ese momento solo fuera una sombra de él.

Por otra parte, y esto es muy importante, Melquisedec fue reconocido como el legítimo poseedor de aquella tierra, la cual por el momento solo había sido prometida a Abram. Una tierra de 'Salem', una tierra de paz y justicia, también conocida por Jerusalén o fortaleza de Sion, la cual tomaría el rey David sobre el año 1000 a.C.:

Entonces marchó el rey con sus hombres a Jerusalén contra los jebuseos que moraban en aquella tierra; los cuales hablaron a David, diciendo: Tú no entrarás acá, pues aun los ciegos y los cojos te echarán (queriendo decir: David no puede entrar acá). Pero David tomó la fortaleza de Sion, la cual es la ciudad de David. Y dijo David aquel día: Todo el que hiera a los jebuseos, suba por el canal y hiera a los cojos y ciegos aborrecidos del alma de David. Por esto se dijo: Ciego ni cojo no entrará en la casa. Y David moró en la fortaleza, y le puso por nombre la Ciudad de David; y edificó alrededor desde Milo hacia adentro (2 Samuel 5:6-9; 1 Crónicas 11:4-8).

Era por tanto Melquisedec, un rey y sacerdote de paz y justicia de la misma manera que Cristo será rey y sacerdote sobre el trono de David. Un reino que no tendrá fin (Isaías 9:6-7; Zacarías 6:12-

13; Lucas 1:31-33). Sin dudas, como diría el erudito Alfred Edersheim, "el futuro será infinitamente mayor que el presente".[3] Pero no adelantemos acontecimientos.

Una de las llamadas 'Cartas de Amarna', ciudad del Alto Egipcio.

---

[3] Alfred Edersheim, *Comentario Bíblico Histórico* (España: Editorial CLIE, 2009), 60.

Imperio egipcio

Y habló Dios todas estas palabras, diciendo: Yo soy Jehová tu Dios, que te saqué de la tierra de Egipto, de casa de servidumbre... (Éxodo 20:1-17; Deuteronomio 5:6-22, 'Pacto Mosaico').

Como ya hemos visto, en el relato bíblico descubrimos como Abram se traslada desde Ur hasta la zona de Canaán y la promesa de que esa tierra será para él y sus descendientes. Sin embargo, en la Biblia también nos encontramos que Abram y su familia tuvo que desplazarse a Egipto por razones de gran hambruna en la zona (Génesis 12:10). Ya renombrado por Dios como Abraham, tuvo un hijo llamado Isaac, con su mujer Sara. Isaac sufriría un episodio similar a su padre (Gn 26:1).

Más adelante, tenemos la historia de Jacob -hijo de Isaac- y sus doce hijos (Dios también cambiaría el nombre de Jacob, que significa 'suplantador' por el de Israel, 'luchador con Dios', Gn 32:28), con diferentes mujeres, como patriarcas de Israel (Gn 35:22-26; 1 Crónicas 2:1-2). Uno de ellos, José, fue el favorito de su padre Jacob provocando las envidias del resto de sus hermanos hasta el punto de llegar a venderlo a un grupo de ismaelitas o madianitas (los descendientes de Ismael, hijo de Abraham y de Agar, la sierva de Sara, Gn 25:12) que venían de Galaad rumbo a Egipto (Gn 37:25-28). Ya en Egipto, los madianitas vendieron a José como esclavo a Potifar, un oficial de faraón (Gn 37:36). José fue prosperando junto a su amo en la tierra de Egipto, pero un episodio de despecho por parte de la esposa de Potifar, que no consiguió seducirlo, terminó con José en la cárcel (Gn 39). Sin embargo, allí mismo, apresado y encerrado, se hizo famoso por sus habilidades para interpretar los sueños. Cualidad que le sirvió para interpretar los sueños del mismísimo faraón y ser ascendido a primer ministro de faraón, "poniéndole sobre toda la tierra de Egipto" (Gn 41:41).

Siendo José el segundo hombre más poderoso de Egipto, nos encontramos con un nuevo periodo de hambruna volviéndose a repetir una situación similar a la de Abram e Isaac. Por tanto, ante tal escasez de alimentos, Jacob tuvo que enviar a sus hijos a Egipto para conseguir víveres. Finalmente, y resumiendo la historia, José se las ingenió para mostrarse y descubrirse ante su familia y perdonar todos los males que había sufrido. Dicho esto, se hicieron todas las gestiones para que toda la familia de José se estableciese en Egipto, en la tierra de Gosén, en el delta del río Nilo (Gn 47:1).

Los israelitas estuvieron instalados allí durante cientos de años, "hasta que se levantó en Egipto un nuevo rey que no conocía a José" (Éxodo 1:8). Los egipcios comenzaron a someter a los israelitas a todo tipo de cargas, impuestos y duros trabajos en la construcción, como la edificación de las ciudades Pitón y Ramesés (Ex 1:11). Poco a poco, los egipcios fueron minando las fuerzas de los hebreos y empezó a germinar el éxodo israelita. El libro bíblico de Éxodo narra la historia donde, liderados por Moisés y Aarón, los israelitas son liberados de Egipto para regresar a Canaán. Hasta aquí, de momento, la narración bíblica.

Relación entre los egipcios y el pueblo de Israel

Existen evidencias y registros arqueológicos según los cuales indican que las migraciones semíticas, desde la zona de Mesopotamia hacia Egipto, ya existían desde el año 1950 a.C., aproximadamente. Esto era debido, muy posiblemente, a razones comerciales ya que la civilización sumeria, considerada como la primera civilización del mundo, estaba desapareciendo. Al perder su supremacía, los grupos nómadas comenzaron a poner su mirada sobre el nuevo reino que empezaba a destacar, que no era otro que el reino egipcio, donde las cosas marchaban bastante bien en ese momento.

El Papiro Ipuwer o Papiro de Leiden fue descubierto en Menfis, aunque probablemente procedería de Saqqara; data del siglo XIII a. C., y aunque la época de la composición del poema se desconoce, algunos eruditos han sugerido que se escribió durante el primer periodo intermedio de Egipto, sobre 1850-1600 a.C. Dicho Papiro contiene información sobre una época de desorden social donde la clase más baja llegó a tomar el poder en Egipto, muy posiblemente llevado a cabo por grupos semitas.

Se podría decir, por tanto, que José pudo llegar a ser un faraón hicso. Los hicsos fueron grupos invasores procedentes del Oriente Próximo que se hicieron con el control de Egipto. En otras palabras, José fue un semita que llegó a formar parte de la administración y del gobierno de Egipto, aunque a día de hoy no existen pruebas concluyentes.

Tutmosis III

Las conquistas de la Dinastía XVIII, desde el reinado de Ahmosis hasta el reinado de Tutmosis III (unos 200 años), como la batalla de Megido en el siglo XV a.C. contra coaliciones cananeas, hicieron que Egipto extendiera sus dominios en todas las direcciones, pero, sobre todo, hacia el Oriente y hacia el Norte, es decir, hacia la zona de Canaán. Por tanto, con Tutmosis III todos los grupos cananeos de esa zona quedaron integrados en Egipto, imponiendo su control allí. Sin dudas, Tutmosis III fue el gran artífice en lo que se refiere a la política, el comercio y las grandes construcciones que llevó a cabo este faraón.

Una vez controlado el territorio, una de las revolucionarias tácticas de Tutmosis III fue la culturización imperial, es decir, tomó a los hijos de los reyes y los nobles cananeos y los llevó a Egipto, pero no con la idea de hacerlos esclavos, sino más bien para reeducarlos en la idiosincrasia egipcia para que más tarde pudieran regresar a sus respectivas regiones con esa misma mentalidad y cultura, consolidando y cohesionando así el imperio.

Moisés y el éxodo israelita

Esta forma de proceder de Tutmosis III, tuvo su trascendencia en relación a la historia de Moisés, un niño hebreo criado y adoptado por la familia de faraón (Éx 2:1-10). En el relato bíblico nada tiene de raro la aparición de un niño hebreo en la cultura egipcia, pues era una costumbre egipcia educar en su corte a niños -príncipes y nobles, normalmente- de los reinos conquistados. Por tanto, los egipcios comenzaron a ver a los semitas ya no como extranjeros, sino también como egipcios, aunque de una clase inferior.

El libro bíblico de Éxodo narra la historia de la liberación de la esclavitud del pueblo hebreo saliendo de Egipto hacia la tierra prometida de Canaán. Este largo viaje de 40 años (Éx 16:35), lleno de vicisitudes, acontecimientos y problemas de todo tipo, le sirvió al pueblo israelita para adquirir una conciencia tanto de unidad como étnica, religiosa y nacional; un pueblo provisto ya de leyes, códigos y rituales propios, también conocido como 'Pacto Mosaico' o 'Ley de Moisés', un pacto condicional entre Dios y la nación de Israel en el monte Sinaí (Éxodo 19-24). Se trataba de unas normas legales y morales muy diferentes a las de otros pueblos porque "las transgresiones [pecados] eran vistas como ofensas contra Dios y no sólo como ofensas contra la sociedad. Esto contrasta con el Código de Ur-Nammu de Sumeria (2100-2050 a.C.), y el Código de Hammurabi de Babilonia (1760 a.C.)".[4]

Es cierto que, exceptuando el relato bíblico, apenas existen registros o evidencias arqueológicas de la historicidad del Éxodo, aunque los egipcios lo hubiesen documentado de alguna manera. Sin embargo, el egiptólogo británico Kenneth Kitchen manifestó que los archivos de papiro que estuvieron almacenados en el antiguo Egipto se encontrarían desaparecidos:

En el fango del delta del Nilo, embebido de agua, no hay papiro que sobreviva (mencione o no a los hebreos fugitivos)... En otras palabras, dado que los archivos oficiales del s. XIII a.C. procedentes de ciudades situadas en

---

[4] John H. Walton, *Ancient Israelite Literature in its Cultural Context* (Grand Rapids, Michigan: Zondervan Publishing House, 1989), 233.

la parte este del delta del Nilo se han perdido al cien por ciento, no podemos esperar que contengan menciones de los hebreos o de cualquier otro pueblo.[5]

Por si fuera poco, además del 'Pacto Mosaico' antes citado, en el cual Dios ofreció a su pueblo elegido la oportunidad de ser libres de la esclavitud y dotarles de una amplia legislación, Dios se va a dirigir ahora a los allí presentes y a las futuras generaciones de Israel para convenir el llamado 'Pacto de la Tierra', conocido también por el mal llamado 'Pacto Palestino', debido al territorio que cubre -y más aun- establecido como la nación de Israel, debido a las promesas específicas de Dios a Abraham y a sus descendientes mediante el linaje de Isaac y Jacob:

Sucederá que cuando hubieren venido sobre ti todas estas cosas, la bendición y la maldición que he puesto delante de ti, y te arrepintieres en medio de todas las naciones adonde te hubiere arrojado Jehová tu Dios, y te convirtieres a Jehová tu Dios, y obedecieres a su voz conforme a todo lo que yo te mando hoy, tú y tus hijos, con todo tu corazón y con toda tu alma, entonces Jehová hará volver a tus cautivos, y tendrá misericordia de ti, y volverá a recogerte de entre todos los pueblos adonde te hubiere esparcido Jehová tu Dios. Aun cuando tus desterrados estuvieren en las partes más lejanas que hay debajo del cielo, de allí te recogerá Jehová tu Dios, y de allá te tomará; y te hará volver Jehová tu Dios a la tierra que heredaron tus padres, y será tuya; y te hará bien, y te multiplicará más que a tus padres. Y circuncidará Jehová tu Dios tu corazón, y el corazón de tu descendencia, para que ames a Jehová tu Dios con todo tu corazón y con toda tu alma, a fin de que vivas. Y pondrá Jehová tu Dios todas estas maldiciones sobre tus enemigos, y sobre tus aborrecedores que te persiguieron. Y tú volverás, y oirás la voz de Jehová, y pondrás por obra todos sus mandamientos que yo te ordeno hoy. Y te hará Jehová tu Dios abundar en toda obra de tus manos, en el fruto de tu vientre, en el fruto de tu bestia, y en el fruto de tu tierra, para bien; porque Jehová volverá a gozarse sobre ti para bien, de la manera que se gozó sobre tus padres, cuando obedecieres a la voz de Jehová tu Dios, para guardar sus mandamientos y sus estatutos escritos en este libro de la ley; cuando te convirtieres a Jehová tu Dios con todo tu corazón y con toda tu alma (Deuteronomio 30:1-10)

---

[5] Kenneth Kitchen, *On the Reliability of the Old Testament* (Grand Rapids, Michigan: Eerdmans Publishing, 2006), sp.

En este 'Pacto de la Tierra', podemos observar varios puntos que amplían y complementan tanto el 'Pacto de Moisés' como el 'Pacto Abrahámico':

1. El pueblo de Israel será dispersado debido a la desobediencia a Dios (Nehemías 1:8).
2. En el pueblo de Israel habrá una 'limpieza' o circuncisión espiritual (Jeremías 4:4; Romanos 2:28-29).
3. Habrá un arrepentimiento de la nación en un futuro (1 Reyes 8:30).
4. Dios hará volver a todos los judíos a la Tierra Prometida de Israel (Salmos 126:1; Jeremías 29:14; Isaías 11:11; Zacarías 10:10).
5. Dios restaurará la tierra de Israel y traerá prosperidad y bienestar nacional (Salmos 132:15; Proverbios 3:10; Isaías 30:23; Ezequiel 36:30).
6. Dios maldecirá a los enemigos de Israel y serán juzgados (Deuteronomio 7:15).

Sin dudas, todos estos aspectos se irán cumpliendo poco a poco a lo largo de la historia sobre la única nación en la tierra que Dios estableció para un pueblo específico.

La Dinastía XIX: Ramsés I, Sethy I, Ramsés II, Merenptah

Es posible que con la figura de Ramsés se iniciara un nuevo ciclo. Era de edad avanzada cuando subió al trono de Egipto sobre 1290 a.C. y "con orígenes ciertamente humildes, pues no estaba emparentado directamente con la familia de los faraones".[6] Su hijo, Sethy, (por cierto, muy parecido al nombre bíblico de Set, el tercer hijo de Adán y Eva, Gn 4:25) también fue faraón ¿Serían también semitas o hicsos?

Lo importante de todo esto es que, para cuando se funda la Dinastía XIX con Ramsés I -Ramesés- y su hijo Sethy I, aunque los egipcios veían a los semitas como egipcios, los israelitas, en cambio, seguían viéndose como un grupo ajeno a Egipto (Éxodo

---

[6] Ana Isabel Navajas, *Egipto: El culto a la muerte junto al río de la vida* (España: Edimat Libros, 2008), 142.

22:21, 23:9; Levítico 19:34; Deuteronomio 10:19; Hechos 13:17). El objetivo del pueblo hebreo siempre fue volver a la tierra de Canaán, en Egipto se encontraban provisionalmente.

La época del gran Ramsés II, hijo de Sethy I, aunque espléndida, también fue un periodo de larga decadencia. Cuando Merenptah, uno de los hijos de Ramsés II, accedió al poder sobre el 1200 a.C., heredó un país con grandes amenazas en su territorio, debido principalmente al inicio de las invasiones de los Pueblos del Mar. Uno de ellos lo conocemos con el nombre bíblico de los filisteos (Gn 10:14). La intrusión de los filisteos, procedentes de la zona del Mar Egeo, permitió que los egipcios perdieran el control de Canaán y desaparecieran muchas ciudades. Tras su enfrentamiento con los egipcios, se establecerían en la costa suroeste de Canaán, es decir, en la región de la actual Franja de Gaza, extendiéndose al norte hasta casi la actual Tel Aviv. "Análisis recientes de ADN de individuos enterrados en la ciudad filistea de Ascalón muestran que los filisteos eran una población inmigrante en Oriente Medio y que sus parientes más cercanos se encontraban en Creta, Cerdeña, Grecia o incluso España, es decir, eran de origen europeo".[7]

Como veremos posteriormente, tras la diáspora judía del 70 d.C., los israelitas serían expulsados de Samaria y Judea por los romanos, por lo que todo el territorio sur del Levante mediterráneo pasaría a ser conocido como Palestina, término derivado del hebreo 'Peleset'.

---

[7] Ancient DNA sheds light on the genetic origins of early Iron Age Philistines. https://www.science.org/doi/10.1126/sciacv.aax0061 (consultado 6 junio 2023).

Estatua de bronce del dios cananeo Baal. El culto a Baal siempre fue un obstáculo constante para la religión de los israelitas, aunque continuó hasta el siglo VIII a.C.

La Estela de Merenptah, también llamada Estela de Israel, erigida por el rey Amenhotep III e inscrita más tarde, en el reverso, por el rey Merenptah para conmemorar su campaña militar en tierras de Canaán hacia 1210 a.C. En la piedra aparece la primera mención conocida de Israel como pueblo ('gente de Israel').

Imperio asirio

3

Y cuando tus días sean cumplidos para irte con tus padres, levantaré descendencia después de ti, a uno de entre tus hijos, y afirmaré su reino. Él me edificará casa, y yo confirmaré su trono eternamente. Yo le seré por padre, y él me será por hijo; y no quitaré de él mi misericordia, como la quité de aquel que fue antes de ti; sino que lo confirmaré en mi casa y en mi reino eternamente, y su trono será firme para siempre (1 Crónicas 17:11-14; Cf. 2 Samuel 7, 'Pacto Davídico').

Nuestra historia continúa en la llamada Edad del Hierro. Abarca, aproximadamente, desde el 1200 a.C. hasta la destrucción del primer Templo, sobre el 586 a.C. Es la época donde los Pueblos del Mar, entre ellos los filisteos, como ya hemos visto, comienzan a invadir la zona costera de Canaán. Una época marcada por el descubrimiento de nuevas técnicas metalúrgicas y de los grandes patriarcas bíblicos.

De momento, los filisteos no lograrían extenderse demasiado, tan solo lo que sería hoy Gaza y sus alrededores. Es una etapa donde la propia sociedad hebrea va a evolucionar y se va a consolidar como una monarquía, para poder enfrentarse así al fuerte carácter invasor de los filisteos que estaban tratando, por todos los medios, de extender sus dominios. De esta manera, el pueblo hebreo dejaría de ser una ciudad-estado, formado por territorios independientes y autónomos, para llegar a formar una monarquía. La monarquía de Israel, un reino unido y consolidado con una verdadera estructura de gobierno con Jerusalén como su capital.

El rey David

Ungido por el profeta Samuel, Saúl fue el primer rey de Israel durante 40 años (Hechos 13:21), estableciendo su casa en Gabaa, al norte de Jerusalén (1 Samuel 10:26). Detallado en los libros de Samuel, Saúl derrotó a los amonitas, moabitas, amalecitas, arameos y edomitas, aunque, finalmente, fue derrotado por los filisteos en la batalla del monte Gilboa en 1007 a.C., muriendo junto a tres de sus hijos (1 Samuel 31; 1 Crónicas 10:1-12).

Sin embargo, para nuestra historia nos interesa mucho más la figura de David. Muerto Saúl, los jefes de Israel proclamaron rey a David -hijo de Isaí, de Belén de la tribu de Judá (1 Samuel 17:12; 1 Crónicas 2:3-15)- quien gobernó durante otros 40 años (2 Samuel 5:3-5) y consiguió unificar las tribus de Israel. Como rey de Israel, lo primero que hizo David fue la toma de Jerusalén que, por entonces, estaba en manos de los jebuseos, haciendo de ella su capital (2 Samuel 5:6-9).

A todo esto, los filisteos intentaron en varias ocasiones apoderarse de Jerusalén (2 Samuel 5:17-25; 21:15-22) pero fueron derrotados de tal manera que los filisteos dejaron de molestar a Israel durante mucho tiempo. El rey David no solo se ocupó de la unidad y la estabilización del país, también atendió las cuestiones espirituales llevando el Arca del Pacto a Jerusalén (2 Samuel 6:12) y organizando el culto. David también luchó contra sus pueblos vecinos como los moabitas, los amonitas, los edomitas y los amalecitas (2 Samuel 8:1-18, 10:1-19, 12:26-31). Sin dudas, el rey David extendió sus dominios y territorios. El 'Pacto Abrahámico' (Génesis 15:18-19), comenzaba a cumplirse.

Aunque el rey David también tuvo sus faltas y pecados, como el adulterio cometido con Betsabé (2 Samuel 11), la persona de David es crucial para entender la figura de Jesucristo. David fue el receptor del 'Pacto Davídico', una extraordinaria ampliación más del 'Pacto Abrahámico', por el que Dios le dio la promesa incondicional de darle no solo una descendencia eterna, sino también un trono eternamente estable. Profecía que comenzaría a cumplirse unos 1000 años después con el nacimiento de Cristo, su descendiente (Mateo 1:1, 21:9):

> Y será afirmada tu casa y tu reino para siempre delante de tu rostro, y tu trono será estable eternamente (2 Samuel 7:16; Cf. Jeremías 23:5-8, 33:14-21).

> Entonces el ángel le dijo: María, no temas, porque has hallado gracia delante de Dios. Y ahora, concebirás en tu vientre, y darás a luz un hijo, y llamarás su nombre JESÚS. Este será grande, y será llamado Hijo del Altísimo; y el Señor Dios le dará el trono de David su padre; y reinará sobre la casa de Jacob para siempre, y su reino no tendrá fin (Lucas 1:30-33; Cf Isaías 9:6-7).

Será este Jesús, "Hijo de David" (Romanos 1:3), quien tendrá en sus manos el futuro de Jerusalén y el de todas las naciones de la tierra (Hechos 15:16-18). Pero no nos anticipemos.

El sucesor del rey David fue su hijo Salomón (1 Reyes 1:30), quien inició su reinado sobre el 970 a.C., famoso por su gran sabiduría y por construir el Templo de Jerusalén proyectado por su padre David (1 Reyes 5:5). Construyó ciudades fortificadas en Hazor, Meguido, Gezer y Bet-horón. Sin embargo, debido a sus idolatrías, lujos y ostentaciones, el reino se dividió en dos: su hijo Roboam heredó el reino de Judá -'Casa de David'-, al sur y su hijo Jeroboam heredó Israel -'Efraín'- al norte (1 Reyes 11).

Este reino dividido se debilitó aun más por la invasión del rey Sheshonq I de Egipto sobre el año 920 a.C. (conocido en la Biblia como el rey Sisac (1 Reyes 11:40). Según una inscripción hallada en el templo de Amón en Karnak, el rey Sheshonq conquistó, entre otras ciudades, Jerusalén (1 Reyes 14:25; 2 Crónicas 12). Mientras el reino de Judá, al sur, permaneció bajo el mandato de una sola dinastía, el reino de Israel, al norte, vio subir y caer varias dinastías distintas. Uno de sus líderes más poderosos fue Omri, quien fundó la ciudad de Samaria y la hizo capital de su reino, en Efraín (1 Reyes 16:21-28). Así se mantuvo el reino de Israel o Efraín al norte, hasta el año 722 a.C., hasta que fue conquistado por los asirios.

Estela de Tel Dan

Piedra basáltica del siglo IX a.C. Detalla que un individuo mató a Joram, el hijo de Acab, rey de Israel y rey de la "Casa de David". Estos escritos corroboran el relato bíblico de 2 Reyes 3:1-27 en el que menciona que Joram es hijo del rey israelita Acab.

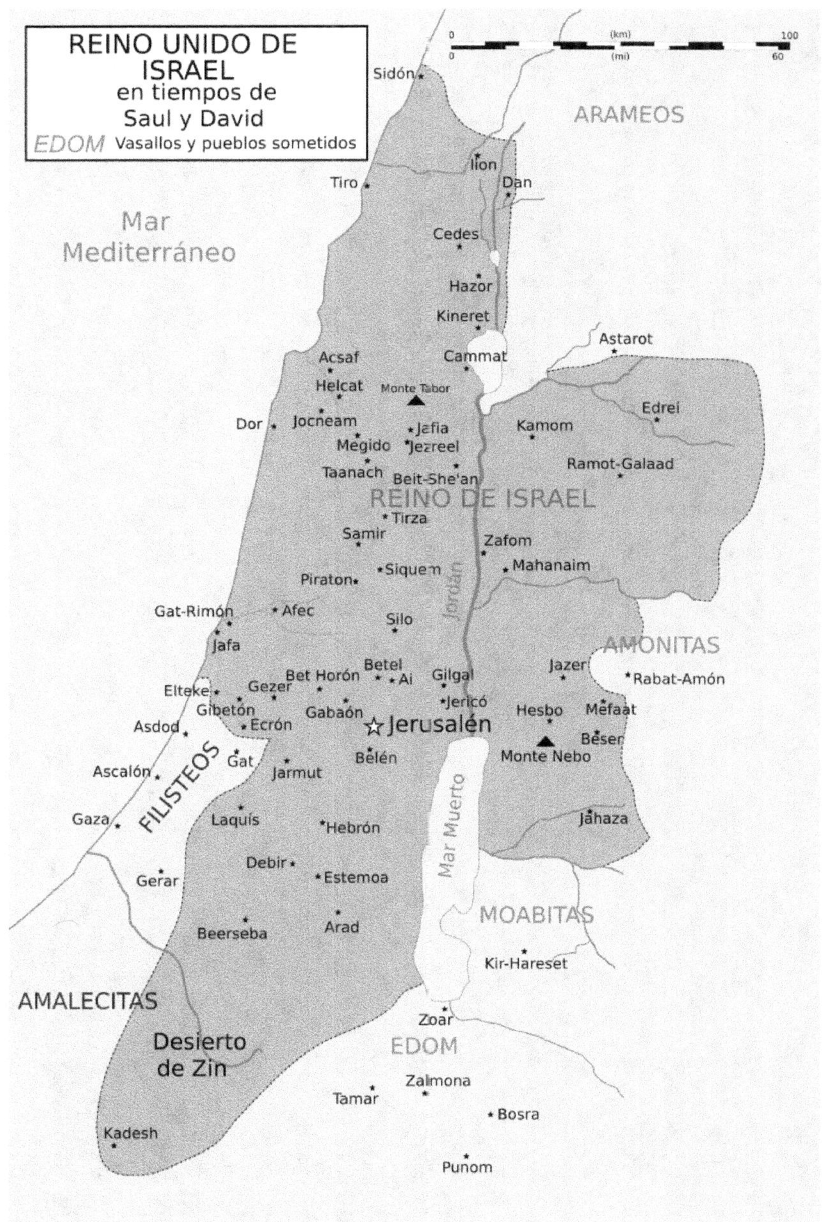

Reino unido de Israel en tiempos de Saúl y David, 1090-960 a. C.

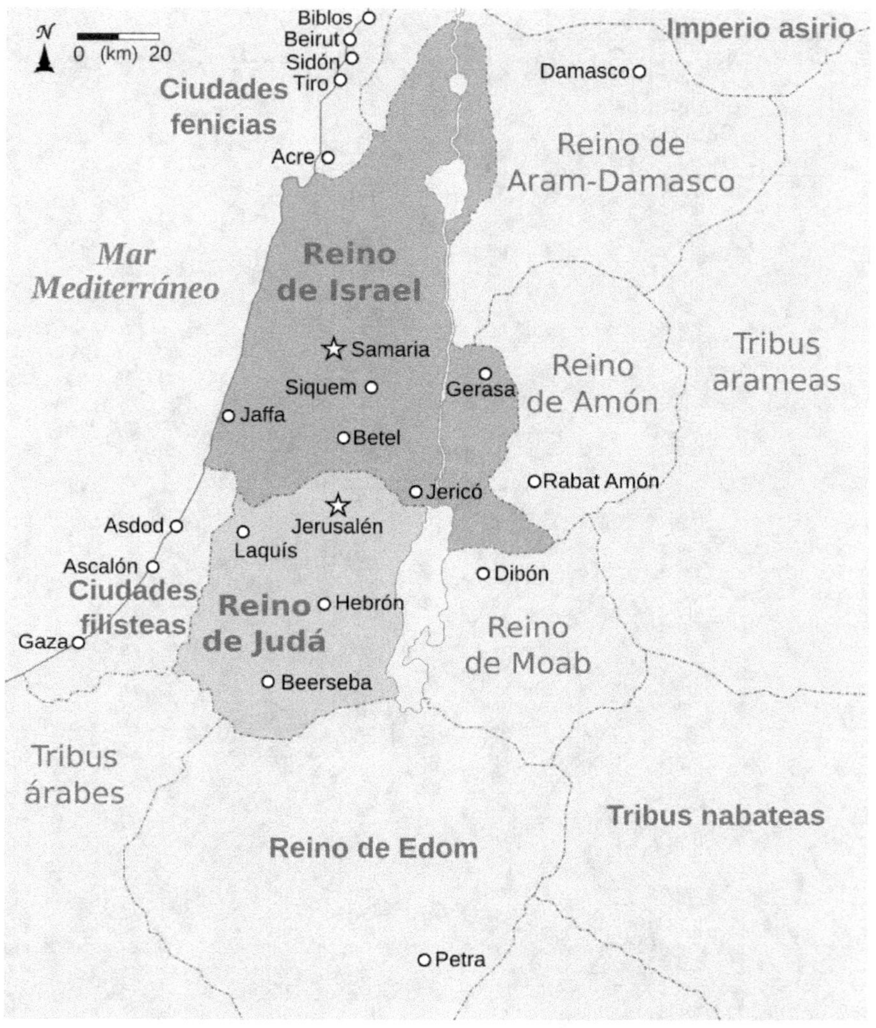

Reino dividido: Reino de Israel (norte) y Reino de Judá (sur), hacia el 830 a.C.

La invasión Asiria

El gran reino de Asiria estaba situado cerca del río Tigris, siendo Nínive su capital. En la Biblia, la primera alusión a Asiria la tenemos en Génesis 2:14. El profeta Isaías ya advirtió a Israel que, si no se arrepentía, Dios utilizaría a Asiría como "vara... de mi furor" (Isaías 10:5). Aproximadamente en el año 744 a.C., el rey asirio Tiglat-pileser III accedió al trono en medio de un país devastado por las guerras y la peste. A partir de entonces, Tiglat-pileser III hizo grandes cambios en la administración, mejorando considerablemente su eficiencia y la seguridad del país.

De esta manera, el rey de Asiria intentó ocupar Samaria, pero Menahem, por entonces rey de Israel, le sobornó con mil talentos de plata evitando así la invasión (2 Reyes 15:17:20). Sin embargo, en tiempos del rey de Israel Oseas, otro rey asirio llamado Salmanasar V, al comprobar que el rey Oseas había suspendido los tributos y los pagos al reino asirio, invadió Samaria en el 722 a.C., y llevó a sus habitantes cautivos a Asiria (2 Reyes 17:1-6). Deportaciones que continuaron con su sucesor Sargón II, quien en el 711 a.C. aplastó una coalición filistea formada por Asdod, Judá, Edom, Moab y Egipto (Isaías 20:1-6).

Tiempo después de la destrucción del reino del norte (Israel), el del sur (Judá) también se vio amenazado por la destrucción por parte de Asiría. Senaquerib, sucesor de Sargón II, atacó a Judá durante el reinado del rey Ezequías y destruyó la mayoría de sus ciudades principales. Sin embargo, Senaquerib no pudo tomar a Jerusalén. Habiendo fracasado en la conquista de Judá, Senaquerib volvió a su tierra, Nínive, donde fue asesinado por uno de sus hijos sucediéndole en el trono Esar-hadón, otro hijo suyo (2 Reyes 19:32-37). En el 668 a.C. empezó a reinar en Asiria Assurbanipal, pero la gloria de Asiria ya iba declinando. Una serie de guerras comenzaron a descomponer el imperio. La batalla de Carquemis, sobre el año 607 a.C. (Jeremías 46:2), fue una batalla decisiva en la guerra de Babilonia contra Egipto y el imperio asirio, en la que este último desapareció de la historia. "Esta batalla supuso que toda la región de Canaán quedase bajo control caldeo".[8] A partir de este momento nació el llamado imperio babilónico o caldeo, que dominará una extensión de terreno tan importante como su predecesor, el imperio asirio. El profeta Nahúm se ocupó también de profetizar su caída (Nahúm 2 – 3).

---

[8] Isaac Asimov, *El Cercano Oriente* (España: Alianza Editorial, 2020), sp.

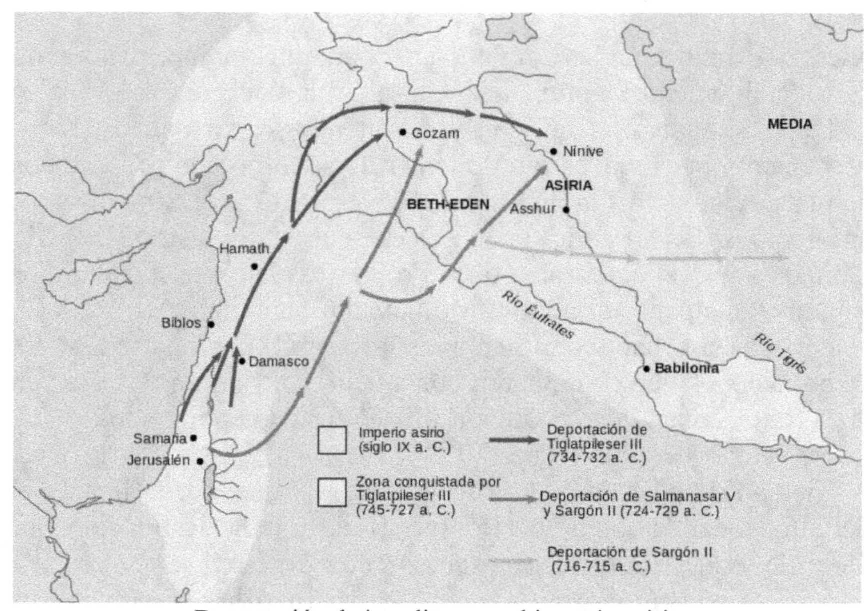

Deportación de israelitas por el imperio asirio

Mientras tanto, esta situación era bastante cómoda para el reino de Judá pues, aunque todavía eran tributarios de los asirios, se mantenían de forma autónoma. Sin embargo, se avecinaba un gran cambio en el panorama político. El rey Josías comenzó a reinar en Judá bien temprano (2 Reyes 22:1; 2 Crónicas 34:1), realizó innumerables reformas y persiguió duramente la idolatría. Sobre el año 608 a.C. iban bien las cosas para Judá cuando, de pronto, el Faraón Necao II combatió con Josías y lo mató en Meguido (2 Reyes 23:29). En su lugar fue designado rey su hijo Joacaz, pero con el tiempo fue sustituido por Joaquín, restaurando así la supremacía egipcia sobre Israel. No obstante, poco duraría la alegría a los egipcios pues, el reino de Babilonia, con Nabucodonosor II al frente, tomaría Jerusalén en el año 590 a.C. aproximadamente, deportando a Babilonia a diez mil de los ciudadanos más representativos de Judea (2 Reyes 24:8-14; 2 Crónicas 36:17-21), entre ellos un joven llamado Daniel.

Prisma Taylor

Perteneciente a los Anales de Senaquerib, el Prisma Taylor es importante por describir el asedio de Jerusalén durante el reinado del rey Ezequías. Este evento está registrado en varios libros contenidos en la Biblia, incluidos los capítulos 33 y 36 de Isaías ; 2 Reyes 18:17; 2 Crónicas 32:9.

Imperio babilónico

4

Toda esta tierra será puesta en ruinas y en espanto; y servirán estas naciones al rey de Babilonia setenta años. (Jeremías 25:11; Daniel 9:2).

Babilonia, proviene del griego *Babylon*, que significa 'La Puerta de Dios'. En la Biblia se le llama "Babel", "la tierra de Sinar" y el reino de "Nimrod, el primer poderoso en la tierra" (Génesis 10:8-10), además de ser conocida como "la tierra de los caldeos" (Isaías 13:19; Jeremías 25:12, 50:8). Es el lugar de origen de Abram (Génesis 11:31; Nehemías 9:7) y donde tuvo lugar el episodio de la torre de Babel y la confusión de las lenguas (Génesis 11:1-9).

Aprovechando las guerras internas y, por tanto, el declive asirio, Babilonia comenzó a lanzar sus campañas de expansión llegando a Judea. Aunque la 'Casa de David' intentó resistir por todos los medios, por entonces el rey de Judá Sedequías no pudo evitar la invasión de su capital por el rey babilónico Nabucodonosor II sobre el año 590 a.C., como hemos apuntado anteriormente (2

Reyes 25:1; Jeremías 39:1-7, 52:4-11). De esta manera, Jerusalén, una vez más, volvió a caer en manos del dominio de un nuevo imperio.

La destrucción de Jerusalén. Profecías de Jeremías y Ezequiel

El ataque a Jerusalén por parte de Babilonia fue muy violento. El objetivo de Nabucodonosor era tanto político como religioso. De hecho, el rey caldeo Nabucodonosor nombró como gobernador de Judá a Gedalías (2 Reyes 25:22) que no pertenecía a la dinastía davídica. Tanto Jeremías como Ezequiel, dos de los grandes profetas bíblicos, predijeron la destrucción de Jerusalén:

> Por tanto, así ha dicho Jehová de los ejércitos: Por cuanto no habéis oído mis palabras, he aquí enviaré y tomaré a todas las tribus del norte, dice Jehová, y a Nabucodonosor rey de Babilonia, mi siervo, y los traeré contra esta tierra y contra sus moradores, y contra todas estas naciones en derredor; y los destruiré, y los pondré por escarnio y por burla y en desolación perpetua. Y haré que desaparezca de entre ellos la voz de gozo y la voz de alegría, la voz de desposado y la voz de desposada, ruido de molino y luz de lámpara. Toda esta tierra será puesta en ruinas y en espanto; y servirán estas naciones al rey de Babilonia setenta años. (Jeremías 25:8-11; Cf. Ezequiel 4 – 5).

Y así fue. El ejército caldeo, actuando con gran crueldad sobre el rey Sedequías y su familia (2 Reyes 25:5-7; Ezequiel 12:13), saqueó y destruyó el templo de Jerusalén construido por Salomón sobre en siglo X a.C., derribó los muros de la ciudad y mucha de su población fue llevada cautiva a Babilonia. Efectivamente, la deportación de estos judíos comenzó tras la destrucción del templo y su permanencia en Babilonia se extendió durante 70 años. El libro de Lamentaciones, escrito por Jeremías en la Biblia, es en parte un clamor y un llanto por la ciudad asolada de Jerusalén.

Durante la segunda mitad de su reinado, Nabucodonosor II se dedicó a embellecer la ciudad de Babilonia. El gran historiador y geógrafo griego Heródoto, hizo la siguiente descripción un siglo más tarde:

> La Asiria tiene muchas y grandes ciudades, pero de todas ellas la más famosa y fuerte era Babilonia, donde existía la corte y los palacios reales después que Nino [Nínive] fue destruida. Situada en una gran llanura, viene a formar un cuadro, cuyos lados tienen cada uno de frente ciento veinte estadios, de suerte que el ámbito de toda ella es de cuatrocientos ochenta.

Sus obras de fortificación y ornato son las más perfectas de cuantas ciudades conocemos. Primeramente, la rodea un foso profundo, ancho y lleno de agua. Después la ciñen unas murallas que tienen de ancho cincuenta codos reales, y de alto hasta doscientos, siendo el codo real tres dedos mayores del codo común y ordinario.[9]

De esta etapa son algunos de los monumentos más célebres de la ciudad mesopotámica. Es el caso de la Puerta de Istar, o de los Jardines colgantes de Babilonia. Nabucodonosor murió en el año 562 a.C., y le sucedió su hijo Amel-Marduk, Evilmerodac en la Biblia (2 Reyes 25:27; Jeremías 52:31). Le sucedieron Neriglisar (560-556 a.C.), Labaschi-Marduk y Nabónido. Sin embargo, años más tarde, la alargada sombra de otro imperio, el Medo-Persa, se cernía sobre la bella Babilonia:

Preparad contra ella naciones; los reyes de Media, sus capitanes y todos sus príncipes, y todo territorio de su dominio. Temblará la tierra, y se afligirá; porque es confirmado contra Babilonia todo el pensamiento de Jehová, para poner la tierra de Babilonia en soledad, para que no haya morador en ella (Jeremías 51:28-29).

Sin dudas, las profecías de la Biblia sobre Babilonia se han cumplido de una manera exacta y precisa. Textos bíblicos como Isaías 13, 14:1-23, 21:1-10 así lo atestiguan. Otro ejemplo lo podemos hallar en Jeremías 51:37: "Y será Babilonia montones de ruinas, morada de chacales, espanto y burla, sin morador". Hasta nuestros días, Babilonia es lo que es, una zona de montículos, restos y vestigios.

---

[9] Heródoto, *Los nueve libros de la Historia* (España: Editorial EDAF, 1989), sp.

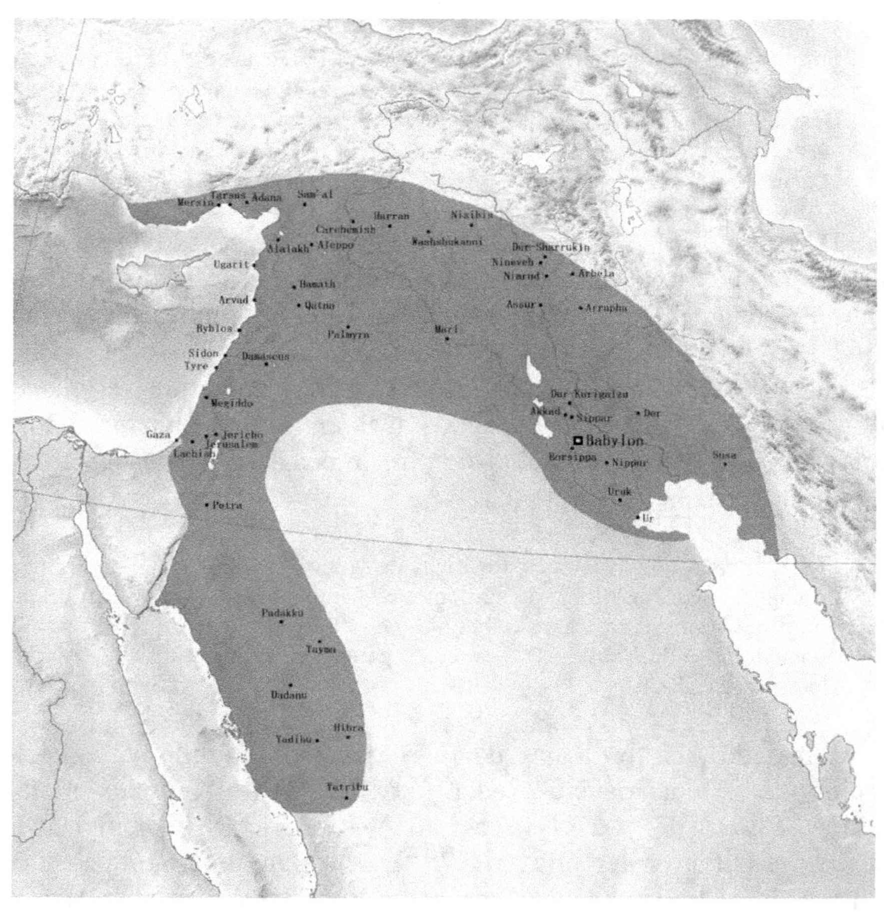

Mapa del imperio Neobabilónico en su máxima extensión territorial (539 a.C.)

Crónicas babilónicas

Crónicas sobre los primeros años de Nabucodonosor II ("Crónica de Jerusalén") en tablilla cuneiforme. Es uno de los textos historiográficos de la antigua Babilonia. Trata la captura de Jerusalén en 590 a.C.

La profecía de Daniel. El sueño de la estatua de Nabucodonosor

En el segundo capítulo del libro de Daniel, el rey de Babilonia tuvo un sueño que le preocupó mucho. Al día siguiente, no pudo recordar los detalles del sueño y tampoco conoció su significado. Por eso, citaron a todos los hombres sabios de su reino, para que pudieran explicar el sueño y su interpretación. Daniel, uno de los judíos llevados cautivos a Babilonia, fue el único que pudo revelar los contenidos del sueño con su correspondiente significado.

En el sueño, Nabucodonosor vio una gran estatua con el siguiente aspecto: la cabeza era de oro; el pecho y los brazos, de plata; el vientre y los muslos, de bronce; las piernas, de hierro y los pies, una parte de hierro y otra parte de barro. De repente, una piedra impactó en los pies hechos de hierro y barro y la estatua se pulverizó completamente. Sin embargo, la piedra que hirió a la imagen fue hecha un gran monte que ocupó toda la tierra (Daniel 2:32-35).

Daniel interpretó el sueño, iniciando así uno de los relatos que comprende prácticamente la historia de los imperios mundiales más significativos a la luz de la Biblia. Daniel, sin dudas, identificó la cabeza de oro de la estatua con el imperio babilónico. Es decir, la cabeza de oro se correspondería con el reino mismo de Nabucodonosor (Daniel 2:38).

En el primer año de Neriglisar, rey de Babilonia entre los años 560-556 a.C., también conocido como Nergal-sarezer (Jeremías 39:13), solo dos años después de la muerte de Nabucodonosor, estalló una guerra entre los medos y los babilonios que derivó en la caída del imperio de Babilonia (Daniel 5:28). Ciáxares, rey de los medos, conocido por Darío de Media o Darío I (Daniel 5:31), ayudado por su sobrino Ciro, del linaje persa, comenzaron el asedio a Babilonia. Provistos de abastecimientos, los babilonios se encerraron entre sus enormes murallas con puertas de bronce que resultaron inexpugnables para los medos-persas. Ante esto, Ciro, aprovechando un día de fiesta de los babilonios, optó por desviar el cauce del río Éufrates para traspasar las murallas y las puertas de su enemigo, entrando en el palacio del rey y matando a Belsasar, hijo de Nabucodonosor (Daniel 5:18). De modo que Babilonia pasó a manos del imperio Medo-Persa en el año 539 a.C. (Batalla de Opis). Estos hechos fueron profetizados unos doscientos años antes por Isaías (Isaías 45:1-2) y relatado en Daniel 5:30-31, así como en la obra "Ciropedia"[10] del historiador griego Jenofonte, que comprende la biografía de Ciro escrita posiblemente sobre el año 360 a.C. y también en el llamado 'Cilindro de Ciro', que es una pieza cilíndrica de arcilla que contiene una declaración en cuneiforme acadio babilonio del rey Persa. Data del siglo VI a.C., descubierto en las ruinas de babilonia en Mesopotamia (hoy, Irak).

Por tanto, el primer imperio, representado como la cabeza de oro de la gran estatua del sueño de Nabucodonosor -la gran Babilonia- terminó siendo destruido, siendo pasto de hienas y chacales (Isaías 13:19-22) y dando paso al Imperio Medo-Persa. Poco a poco, iremos completando gráficamente la profecía de Daniel en los siguientes capítulos. Entender dicha profecía con precisión y fidelidad, es fundamental para tener una visión completa tanto de nuestro pasado como de nuestro futuro.[11]

		Daniel 2:30-45		Daniel 7	Daniel 8	Fechas
	1er. Reino	Oro	Babilonia (Nabucodonosor)	León		605-539 a.C.

1. Reconstrucción gráfica. Sueño de Daniel sobre la estatua de Nabucodonosor

---

[10] Jenofonte, *Cyropaedia*, VI. 15-16.

[11] Para más información sobre este tema, remito al lector a mi obra: *'Revelaciones de Daniel: Apocalipsis en el Antiguo Testamento. El Cielo en la Tierra'* (https://www.amazon.es/Revelaciones-Daniel-Apocalipsis-Antiguo-Testamento/dp/1976983924).

Cilindro de Ciro

Imperio medo-persa

Que dice de Ciro: Es mi pastor, y cumplirá todo lo que yo quiero, al decir a Jerusalén: Serás edificada; y al templo: Serás fundado (Isaías 44:28).

En realidad, el término correcto para el imperio medo-persa es el llamado imperio aqueménida, el más extenso de los imperios de los persas. "Sus territorios se extendieron por los actuales estados de Irán, Irak, Turkmenistán, Afganistán, Uzbekistán, Turquía, Rusia, Chipre, Siria, Líbano, Israel, Palestina, Grecia, Bulgaria, Ucrania, Rumanía, Arabia Saudí, India, Jordania y Egipto, siendo su fundador Ciro II el Grande tras independizar Persia y conquistar Media en el año 550 a.C.".[12]

Efectivamente, el rey Ciro II se rebeló contra el imperio Medo, un grupo de los pueblos iraníes, hizo preso a su rey Astiages y

---

[12] Amélie Kuhrt, *El Oriente Próximo en la Antigüedad Vol. II* (Barcelona: Crítica, 2002), 298.

tomó su capital, Ecbatana. De esta manera Ciro II asumió tanto el imperio Persa como el Medo. El imperio aqueménida había nacido.

Ciro II, hijo de Cambises I, fue un rey muy diferente a los anteriores. En principio, su residencia la situó en Pasargada, cerca de Anshan, ciudad del antiguo imperio elamita, pero es probable que Susa (Esdras 4:9), fuera ya su capital alternativa. No fue cruel con sus enemigos, sino que respetó sus costumbres, cultura y religiones. Esta forma de gobernar y el uso de 'sátrapas' o personas protectoras que se encargaban de ejercer el poder judicial y administrativo, llevó a culminar su mandato con gran éxito. De hecho, el rey Ciro II actualmente es muy reconocido por sus logros conseguidos en derechos humanos y por su influencia tanto en las civilizaciones de Oriente como de Occidente, ejerciendo una labor fundamental en la identidad nacional del moderno Irán. "La influencia aqueménida en el mundo antiguo se extendería finalmente hasta Atenas, donde los atenienses de clase alta adoptaron como propios aspectos de la cultura de la clase dirigente de la Persia aqueménida".[13]

La Biblia elogia sin reservas a Ciro (Isaías 44:28, 45:1-3) por sus acciones en la conquista de Babilonia, refiriéndose a él como el ungido de Yahvé. "Se le atribuye la liberación del pueblo de Judá de su exilio y la autorización de la reconstrucción de gran parte de Jerusalén, incluyendo el Segundo Templo".[14]

El Edicto de Restauración del rey Ciro II

Ciro II de Persia entró en Babilonia sobre el año 539-536 a.C. y, como parte de su política respetuosa y tolerante hacia los pueblos conquistados, decretó el llamado 'Edicto de Ciro':

En el primer año de Ciro rey de Persia, para que se cumpliese la palabra de Jehová por boca de Jeremías, despertó Jehová el espíritu de Ciro rey de Persia, el cual hizo pregonar de palabra y también por escrito por todo su reino, diciendo: Así ha dicho Ciro rey de Persia: Jehová el Dios de los cielos me ha dado todos los reinos de la tierra, y me ha mandado que le edifique

---

[13] Margaret Christina Miller, *Athens and Persia in the Fifth Century BC: A Study in Cultural Receptivity* (Cambridge University Press, 2004), 243.

[14] Pierre Briant, *From Cyrus to Alexander: A History of the Persian Empire* (Eisenbrauns, 2002), sp.

casa en Jerusalén, que está en Judá. Quien haya entre vosotros de su pueblo, sea Dios con él, y suba a Jerusalén que está en Judá, y edifique la casa a Jehová Dios de Israel (él es el Dios), la cual está en Jerusalén. Y a todo el que haya quedado, en cualquier lugar donde more, ayúdenle los hombres de su lugar con plata, oro, bienes y ganados, además de ofrendas voluntarias para la casa de Dios, la cual está en Jerusalén (Esdras 1:1-4; Cf. 2 Crónicas 36:22-23).

La ordenanza de Ciro permitió que muchos judíos volvieran a Jerusalén y reconstruir el templo. De esta manera, Zorobabel, un líder exiliado que formaría parte del mismo linaje de Jesús (Mateo 1:12; Lucas 3:27) -junto con más de 40.000 judíos- capitanearon este retorno de Babilonia a Jerusalén (Esdras 2). Sin embargo, de forma general, los judíos que no fueron deportados no siempre tuvieron buenas relaciones con los exiliados, ya que buena parte de los judíos que fueron exiliados, tanto a Asiria como a Babilonia, habían perdido su identidad judía, introduciendo sus propios cultos idolátricos y mezclando su falsa religión con la de Jehová (2 Reyes 17:24-41). Por tanto, debido a este culto hibrido y a las fricciones con los samaritanos, a los judíos que volvieron no se les consideraba como tales.

Este primer retorno a Jerusalén permitió restaurar el altar, el culto y los cimientos del templo (Esdras 3). Posteriormente, hubo un segundo regreso a Jerusalén sobre el año 458 a.C., liderado por el escriba Esdras, en el cual los judíos tuvieron la oportunidad de restaurar su condición espiritual confesando sus pecados (Esdras 9 – 10) y, por último, una tercera vuelta en el 445 a.C. dirigida por Nehemías, por entonces copero del rey persa Artajerjes I Longímano, donde reconstruyeron las puertas y los muros de Jerusalén (Nehemías 2:1-8).

Evidentemente, el pueblo judío no pudo recuperar el brillo y esplendor de tiempos pasados, pero estos retornos sirvieron para iniciar una nueva fase en el desarrollo de su religión y cultura, aunque muchos judíos nunca volvieron a Jerusalén. Muchos de ellos crecieron estableciendo grandes comunidades judías en Babilonia y Egipto, aunque su hogar espiritual siempre estaría en Jerusalén. Así comenzó la diáspora, la dispersión del pueblo judío por el resto del mundo (Esdras 3:8). A lo largo del tiempo, la diseminación del pueblo judío provocará choques y enfrentamientos con otros países y culturas que darán lugar a persecuciones, matanzas y expulsiones colectivas.

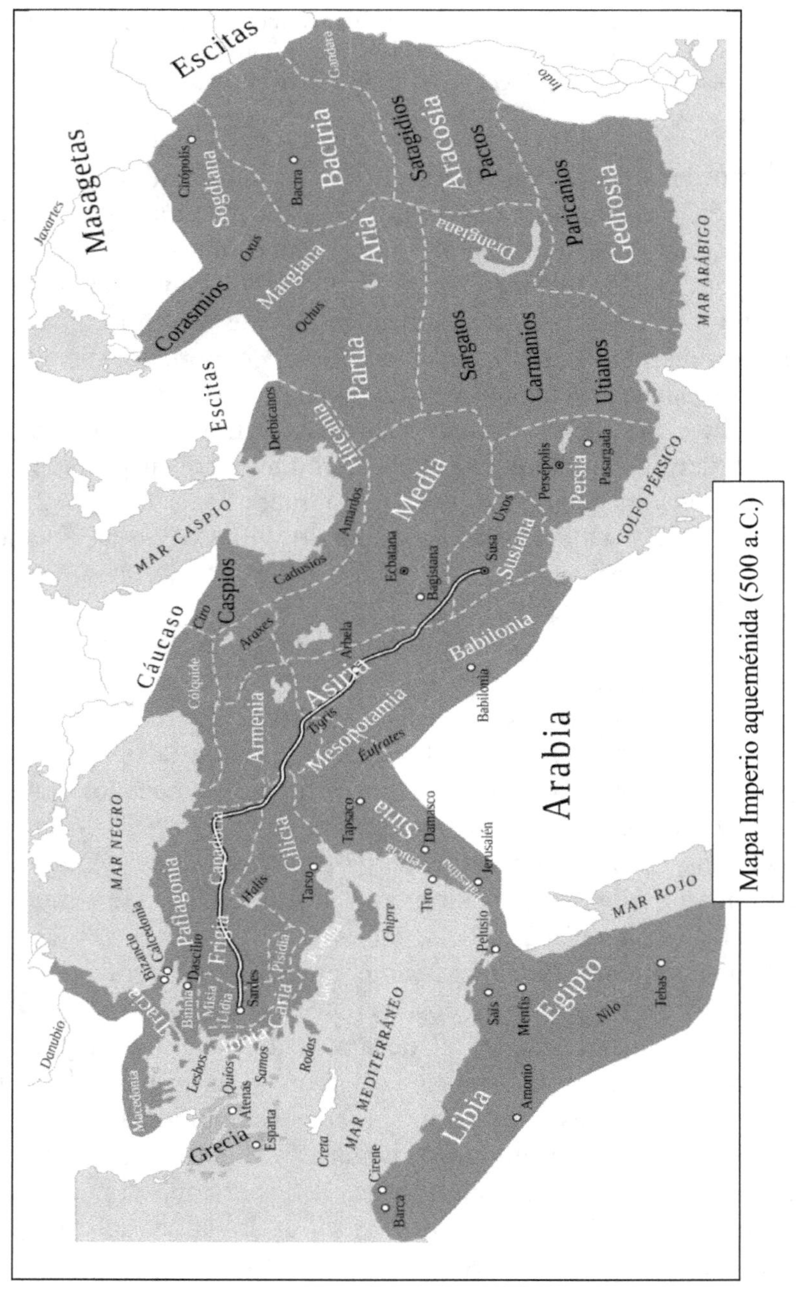

Caída del Imperio Medo-Persa

En el año 530 a.C., Ciro II murió durante una expedición militar y le sucedió en el trono su hijo mayor Cambises II. Hacia el 525 a.C., Cambises había dominado con éxito a Fenicia y Chipre e inmediatamente después comenzó los preparativos para invadir Egipto. Tras una victoria aplastante, los libios y los griegos se rindieron a Cambises y le ofrecieron tributos sin luchar. La fama y la gloria de Cambises le llevaron a intentar invadir Cartago y Etiopía, pero resultaron en fracaso.

Después de la muerte de Cambises y su hermano Esmerdis, tomó el trono Darío I alrededor del año 521 a.C. Sin dudas, el rey Darío fue un gran líder, quien continuó con la política de Ciro que autorizaba la libertad de culto de sus enemigos. Puso el foco en Europa y realizó campañas para subyugar a Tracia y Macedonia.

Al ver que la situación política en Grecia representaba una amenaza continua para la estabilidad de su imperio, decidió emprender la conquista de toda Grecia. Sin embargo, dos años después, las fuerzas persas fueron vencidas por los atenienses en la mítica batalla de Maratón en el año 490 a.C. y Darío murió enfermo antes de tener otra oportunidad de lanzar una nueva campaña militar contra las polis griegas.

No obstante, su hijo Jerjes I -en los libros bíblicos de Esdras, Ester y Daniel se menciona a Jerjes bajo la forma hebraica del nombre Asuero- organizó una invasión masiva para conquistar Grecia. Obtuvo grandes victorias como la de Artemisio y las Termópilas, llegando hasta Atenas. Sin embargo, la batalla naval de Salamina y posteriormente la de Platea, fueron ganadas por los griegos. De esta manera, Macedonia volvió a ser un reino independiente y Jerjes dejó en paz a las ciudades griegas.

Dos siglos más tarde, Darío III gobernaba el imperio aqueménida y en el año 334 a.C., cuando dicho rey se encontraba sometiendo a Egipto una vez más, el ejército de Alejandro III de Macedonia, más conocido como Alejandro Magno, invadió Asia Menor, venciendo a las tropas persas en las batallas del Gránico y en Issos. Dos años después, en el 332 a.C., la batalla de Gaugamela dio a Alejandro definitivamente el trono de Asia y conquistando así todo el imperio aqueménida.

Tumba de Ciro el Grande en Pasargada

		Daniel 2:30-45		Daniel 7	Daniel 8	Fechas
1er. Reino	Oro	Babilonia (Nabucodonosor)		León		605-539 a.C.
2° Reino	Plata	Media-Persia (Darío I – Darío III)		Oso	Carnero	539-330 a.C.

2. Reconstrucción gráfica. Sueño de Daniel sobre la estatua de Nabucodonosor

6

Imperio griego

Él me dijo: ¿Sabes por qué he venido a ti? Pues ahora tengo que volver para pelear contra el príncipe de Persia; y al terminar con él, el príncipe de Grecia vendrá (Daniel 10:20; Cf. Daniel 8:21).

Con la invasión de Alejandro Magno, vino el colapso total del imperio aqueménida -Medo-Persa- tras derrotar en varias batallas a Darío III, último rey persa. Por tanto, todo el territorio fue quedando bajo el control de los macedonios. Generalmente se habla de imperio griego, pero no eran griegos específicamente, eran macedonios. Hay que resaltar la diferencia, ya que los griegos consideraban a los macedonios como un pueblo bárbaro y sanguinario. Los griegos, estructurados en ciudades-estado, no creían en políticas expansionistas. Es decir, ganaban batallas, pero no conquistaban el territorio. En cambio, los macedonios si lo hacían.

Por tanto, Filipo II de Macedonia, comenzó conquistando toda la zona de Grecia y, posteriormente, su hijo Alejandro llevó todas sus conquistas desde Egipto hasta la India. Sin dudas, logró extender el imperio macedónico de una forma impresionante. Su figura y legado han estado presentes en la historia y la cultura, tanto de Occidente como de Oriente, a lo largo de más de dos milenios ha sido comparado como uno de los conquistadores de todos los tiempos, junto con Julio César y Napoleón Bonaparte. Se cuenta que, hasta su propio padre le dijo en una ocasión: "Búscate otro reino, hijo, pues Macedonia no es lo suficientemente grande para ti".[15]

La invasión de Judea

Como hemos dicho antes, sobre el año 332 a.C., Alejandro Magno derrotó a Darío III en las costas de Fenicia, aprovechando la ocasión para ocupar también Judea de una forma pacífica, excepto el asedio a la isla fortificada de Tiro que fue muy sangriento. Según el historiador Arriano, "sólo murieron cuatrocientos macedonios frente a los ocho mil tirios que perdieron la vida en la defensa de su ciudad".[16]

Se sabe que la relación entre Alejandro Magno y los líderes judíos de Jerusalén fue bastante buena, permitiendo que la religión judía siguiera su curso sin injerencias ni intromisiones. Alejandro llegó a dar cobijo a los judíos en la nueva ciudad que construyó al norte de Egipto, llamada Alejandría, que llegó a ser un gran centro de influencia para el judaísmo. Sin dudas, Alejandro Magno, como gran estratega, supo jugar muy bien sus cartas para extender su propia cultura -el helenismo- por todo su vasto imperio.

Esta etapa helénica no iba a durar mucho, ya que Alejandro murió en el año 323 a.C. y su reino se dividió entre sus cuatro generales -Seleuco, Casandro, Lisímaco y Tolomeo- fundando así diferentes dinastías. Dos de las más importantes serían la Tolemaica (con Ptolomeo Sóter en Egipto, al sur de Israel) y la Seléucida (con Seleuco Nicátor en Siria, al norte de Israel) quedando Jerusalén, por tanto, bajo el gobierno de los Tolomeos.

---

[15] Javier Negrete, *Alejandro Magno y las águilas de Roma* (Editorial Booket, 2011), sp.

[16] E. J. Chinnok, *The Anabasis of Alexander* (Londres: Hodder and Stoughton, 1884), 132-134.

Vista aérea de Tiro, conectado a tierra firme por el puente terrestre de Alejandro

Antíoco IV Epífanes y la revuelta macabea

Aunque en principio estas dos dinastías se llevaban bien, con el paso del tiempo y la descendencia correspondiente, el destino de Judea pasó a depender del equilibrio existente entre las guerras de tolomeos y seléucidas. Pero todo cambió cuando llegó al trono Antíoco IV, rey de Siria de la dinastía seléucida desde 175 a.C. hasta el año 164 a.C. En realidad, Antíoco usurpó el trono, pues el heredero legítimo era Demetrio I Sóter, hijo de su hermano Seleuco IV Filopátor. El joven Demetrio quedó temporalmente retenido en Roma y al morir Seleuco, Antíoco aprovechó esta situación para proclamarse rey.

Antíoco IV quiso helenizar al pueblo de Israel, por tanto, no fue tolerante con la cultura y religión judía. En la Biblia, Daniel lo muestra como "un hombre despreciable" (Daniel 11:21). Los Libros de los Macabeos relatan con detalle como Antíoco dirigió su ofensiva contra Israel, saqueando el tesoro y el santuario del Templo de Jerusalén. Duplicó los impuestos, nombró sacerdotes helenísticos, en vez de judíos. Pero, sobre todo, Antíoco promulgó edictos que prohibieron a los judíos no solo practicar su religión, sino que la denigró y la ultrajó, lo que provocó la rebelión de los

Macabeos. Este pasado acontecimiento se encuentra perfectamente profetizado unos 400 años antes que ocurriera en el libro de Daniel, mencionado como la "abominación desoladora" (Daniel 11:31). Un suceso muy similar ocurrirá en el futuro, en el tiempo del fin (Daniel 12:11; Cf. Mateo 24:15; Marcos 13:14).

La revuelta de los Macabeos estalló en Modín, entre Jaffa y Jerusalén, y estuvo encabezada por un sacerdote llamado Matatías y su hijo Judas Macabeo. Los Macabeos, ayudados por los asideos -"(del hebreo *jasidim* y del griego *Asidaioi*, 'santos' o 'piadosos'), fueron un partido religioso judío, quienes decían de sí mismos ser los mantenedores de la Legislación de Moisés contra la invasión de las costumbres griegas" [17] - lograron expulsar a Antíoco y recuperaron el Templo para el culto judío en el año 164 a.C. Esta victoria es celebrada por los judíos, conocida como *Janucá*, Fiesta de las Luces o de la Dedicación (Juan 10:22).

Los Asmoneos
Sucesores de los Macabeos fueron los Asmoneos, los descendientes de Asmón (Números 34:4-5; Josué 15:4). Por los escritos del historiador Flavio Josefo, sabemos que la dinastía asmonea juntó la decadencia del Imperio seléucida sobre el año 134 a.C. con la llegada del Imperio romano a partir del año 37 a.C. En principio, la República romana no representaba una gran amenaza, lo que permitió que los Asmoneos ampliaran las fronteras de Israel, estableciéndose en Samaria, Galilea, Idumea, el Golán, el litoral del Mediterráneo y Transjordania.

Al morir Simón, el último de los hermanos Macabeos, que reinó entre 142 y 134 a.C., se dio paso a la dinastía asmonea, reinando Juan Hircano desde 134 hasta 104 a.C. Posteriormente lo hizo Alejandro Janeo que gobernó hasta el 76 a.C. A Alejandro Janeo, un rey cruel y déspota, le sucedió su mujer, Salomé Alejandra, que reinó hasta el 67 a.C. Su reinado, en tiempos de paz, fue muy aceptado por el pueblo y gracias a ella la secta de los fariseos pudo consolidarse y adquirir importancia.

A la muerte de Salomé, le correspondía el trono de Israel a su

---

[17] Antony Maas, *Assideans: The Catholic Encyclopedia. Vol. 1* (New York: Robert Appleton Company, 1907), sp.

hijo mayor, Hircano II. Sin embargo, su hijo menor Aristóbulo II, aprovechando que su madre estaba muy enferma, dio un golpe de estado y se proclamó rey en el año 67 a.C.

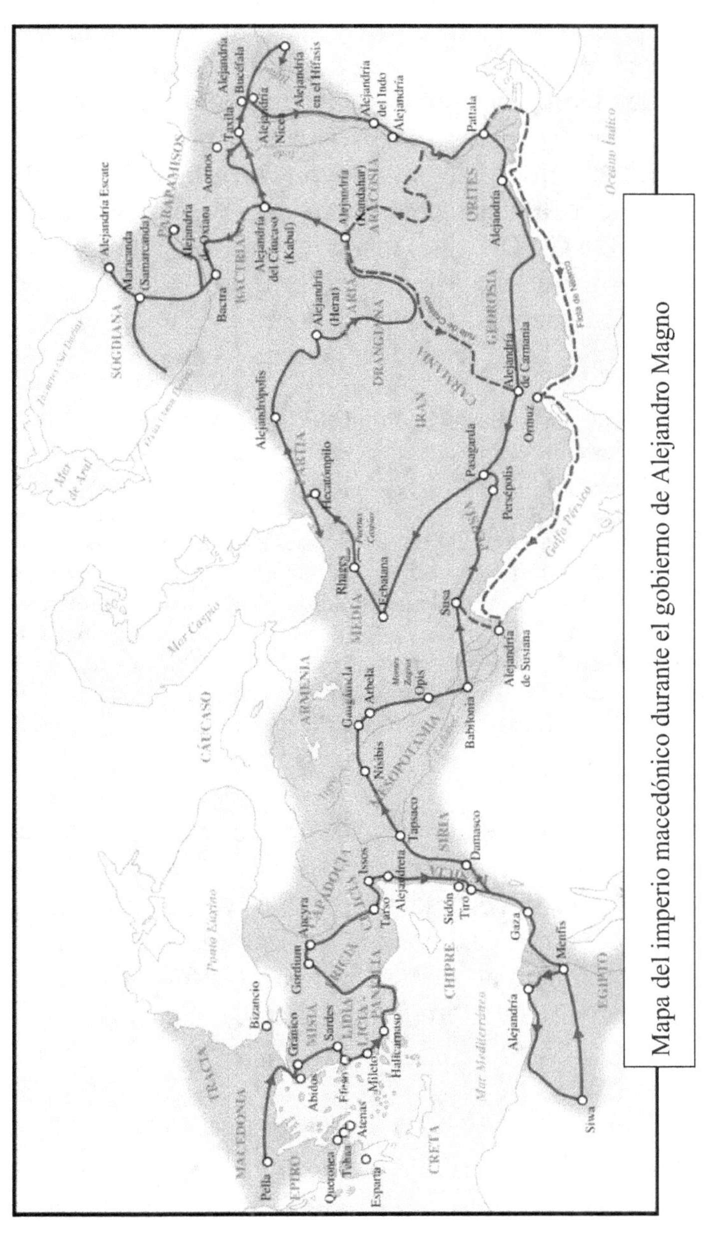

Pompeyo

Por esta época, Pompeyo, líder militar de la República romana, puso fin a la dinastía de los seléucidas creando una provincia romana en Siria. Mientras tanto, desde el sur, la seguridad de la nueva provincia se veía amenazada por el reino nabateo, cuyo gobernante Aretas III seguía una política exterior agresiva.

Los subalternos de Pompeyo intentaron realizar negociaciones tanto con Hircano como con Aristóbulo, pero fue inútil, así que Pompeyo les retiró todo su apoyo. De esta manera, el Imperio asmoneo fue conquistado también por el ejército de Pompeyo sobre el 63 a.C. De esta manera, "tras tres meses de asedio, finalmente se tomó el Monte del Templo".[18] Según narra Flavio Josefo en sus escritos, Pompeyo logró entrar en el recinto más sagrado del templo de Jerusalén, pero no saqueó nada de él:

> Y se cometieron no pocas enormidades en torno al templo mismo, que, en épocas anteriores, había sido inaccesible y no había sido visto por nadie. Porque Pompeyo entró en él, y no pocos de los que estaban con él también, y vio todo lo que era ilícito que vieran los demás hombres, sino sólo los sumos sacerdotes. Había en aquel templo la mesa de oro, el candelabro sagrado y los cálices de sacrificio, y una gran cantidad de especias; y además había entre los tesoros dos mil talentos de dinero sagrado. Sin embargo, Pompeyo no tocó nada de todo esto, a causa de su respeto a la religión; y también en este punto actuó de manera digna de su virtud. Al día siguiente ordenó a los encargados del templo que lo purificaran y trajeran a Dios las ofrendas que la ley exigía, y restituyó el sumo sacerdocio a Hircano: tanto porque le había sido útil en otros aspectos.[19]

Por tanto, Judea se convirtió así en un estado autónomo judío, gobernado interesadamente por Hircano II, un miembro de la dinastía asmonea. Nuevamente se repite la historia, Judea pasa otra vez a ser provincia de un Imperio. Los romanos mantuvieron el dominio nombrando al idumeo Antípatro I, fundador de la dinastía herodiana y padre de Herodes I el Grande. Estos eran una familia

---

[18] Gareth C Sampson, *Rome's Great Eastern War: Lucullus, Pompey and the Conquest of the East, 74-62 BC* (Yorkshire, Philadelphia: Pen & Sword Military, 2021), sp.

[19] Paul L. Maier, *Josefo: Los escritos esenciales* (Grand Rapids, Michigan: Editorial Portavoz, 1992), 215-216.

aristócrata idumea (situada entre el mar Muerto y el golfo de Aqaba, conocida en la Biblia como la tierra de Edom) que se había convertido -muy posiblemente de forma forzosa- al judaísmo pero que, en realidad, mostraba más lealtad a Roma que a los judíos.

Menorá de Janucá
La Janucá, también conocida como la Fiesta de las Luces o de la Dedicación (Juan 10:22). Es una festividad judía que conmemora la rededicación del Segundo Templo de Jerusalén y la rebelión de los Macabeos contra el Imperio seléucida.

		Daniel 2:30-45		Daniel 7	Daniel 8	Fechas
1er. Reino	Oro	Babilonia (Nabucodonosor)		León		605-539 a.C.
2° Reino	Plata	Media-Persia (Darío I – Darío III)		Oso	Carnero	539-330 a.C.
3er. Reino	Bronce	Grecia (Alejandro Magno)		Leopardo	Macho Cabrío ... (Antíoco IV Epífanes)	330-145 a.C.

3. Reconstrucción gráfica. Sueño de Daniel sobre la estatua de Nabucodonosor

Imperio romano

7

He aquí que vienen días, dice Jehová, en los cuales haré nuevo pacto con la casa de Israel y con la casa de Judá. No como el pacto que hice con sus padres el día que tomé su mano para sacarlos de la tierra de Egipto; porque ellos invalidaron mi pacto, aunque fui yo un marido para ellos, dice Jehová. Pero este es el pacto que haré con la casa de Israel después de aquellos días, dice Jehová: Daré mi ley en su mente, y la escribiré en su corazón; y yo seré a ellos por Dios, y ellos me serán por pueblo (Jeremías 31:31-33; Ezequiel 36:26-28).

Jesús el Mediador del nuevo pacto... (Hebreos 12:24).

Haciendo un veloz y apresurado análisis de lo que hemos visto hasta ahora, tenemos que los egipcios dominaron Canaán a lo largo de unos 300 años; colapsado y replegado el imperio egipcio por la invasión de los llamados Pueblos del Mar, vino una etapa de independencia en la zona norte que se extendió aproximadamente desde el año 1100 hasta el año 722 a.C., unos 400 años; hasta que llegaron los asirios para destruir Samaria, prolongándose otros 150 años más en la zona sur, hasta que los babilonios conquistaron Judea. Después de los babilonios vinieron los aqueménidas, los macedonios, los tolomeos y los seléucidas, siendo Judea -y su capital Jerusalén- otros 400 años más provincia de estos imperios. Posteriormente, vino el breve paréntesis del reino asmoneo que duró aproximadamente unos 80 años y después de esto la incursión romana que ahora vamos a considerar. Podemos decir que desde el año 63 a.C. hasta el año 1948, más de 2000 años, Judea y Jerusalén sería ocupada y hostigada por el Imperio romano, su periodo más largo.

De Judea a Judaea

Transformada Judea en un protectorado romano por Pompeyo, un reino al servicio de Roma, el hijo de Antípatro, Herodes I el Grande, un noble idumeo pagano convertido al judaísmo, fue nombrado rey de Judea sobre el año 37 a.C. En realidad, Herodes I fue un oportunista sin escrúpulos que nunca fue aceptado por la mayoría del pueblo judío, pues le consideraban un vasallo de Roma. No obstante, fue muy conocido por la realización de grandes edificaciones como los palacios y fortalezas en Masada, el Herodión al sur de Jerusalén, la ciudad de Cesárea, la fortaleza Antonia, la construcción de su propio palacio a base de torres y, sobre todo, por la espectacular reconstrucción del Templo.

Este rey Herodes es quien aparece en el Nuevo Testamento como el promotor de la matanza de "todos los niños menores de dos años que había en Belén y en todos sus alrededores" (Mateo 2:16). Herodes, preocupado por la profecía de Miqueas 5:2, según la cual saldría de Belén un libertador para Israel, ordenó dicha matanza de niños inocentes, cumpliéndose así la profecía de Jeremías: "Así ha dicho Jehová: Voz fue oída en Ramá, llanto y lloro amargo; Raquel que lamenta por sus hijos, y no quiso ser consolada acerca de sus hijos, porque perecieron" (Jeremías 31:15; Cf. Mateo 2:18).

Después de la muerte de Herodes, "entre finales de marzo y principios de abril del año 4 a.C.",[20] sus tres hijos se repartieron todo su legado: Herodes Arquelao (Mateo 2:22) se quedó con

---

[20] Harold W. Hoehner, *Herod Antipas: A Contemporary of Jesus Christ* (Zondervan Publishing Company, 1980), 251.

Judea, Samaria e Idumea; Herodes Antipas con Perea y Galilea y Herodes Filipo recibió todo el territorio al nordeste del reino. Arquelao fue depuesto y desterrado por el primer emperador romano Augusto en el año 6 d.C., pasando Judea, Samaria e Idumea directamente a manos romanas bajo una provincia con el nombre de *Judaea*. Por tanto, Judaea fue administrada fundamentalmente por una serie de gobernadores nombrados directamente por Roma. En la Biblia, uno de los más conocidos es Poncio Pilato recordado por haber condenado a muerte a Jesús (Mateo 27).

En esta provincia romana recién creada en el año 6 d.C., a uno de los aristócratas romanos llamado Publio Sulpicio Quirino, se le ocurrió hacer un censo fiscal (Lucas 2:1-2). Es entonces cuando los judíos vieron peligrar su bienestar y economía, lo que hizo surgir una de las sectas nacionalistas judías conocida como los zelotes que, unas décadas después, serían cruciales en una de las sublevaciones contra Roma.

A estos hechos, también se puede sumar la idea que tuvo el tercer emperador romano, Cayo Calígula, de ordenar en el año 40 d.C. que se erigiera una estatua de oro en su honor en el Templo de Jerusalén, de manera que él se veía a sí mismo como un dios, "en ocasiones aparecía en los documentos públicos con el nombre de Júpiter",[21] al que había que rendirle culto. Este acontecimiento si que desató unos disturbios muy serios, hasta el punto que Roma tuvo que enviar dos legiones desde Siria para aplastar la sublevación. No obstante, en el año 41 d.C., Calígula fue asesinado por su propia Guardia Pretoriana y la instalación de dicha estatua nunca tuvo lugar.

La profecía de Agabo

Según el político e historiador romano Dion Casio, "el Imperio Romano tuvo que enfrentarse a una grave crisis económica en el año 39 d.C.".[22] La política de Calígula, destacada por su

---

[21] Dion Casio, *Historia Romana LIX.* 28

[22] Dion Casio, *Historia Romana LIX.* 10

megalomanía y su extravagancia, agotó las reservas financieras del Imperio, lo que resultó en una breve hambruna de dimensiones desconocidas hasta el momento. Tras el asesinato de Calígula, la Guardia Pretoriana se apresuró a nombrar emperador a Claudio y el rey Herodes Agripa I, nieto de Herodes el Grande, le nombró también rey de los judíos.

Precisamente por esta época, "en tiempo de Claudio", los discípulos de Jesús comenzaron a llamarse 'cristianos' y un profeta llamado Agabo aseguró la venida de esta gran hambruna (Hechos 11:26-28). Acontecimientos igualmente comprobables, como es el caso de la muerte de Herodes Agripa I, se pueden confrontar tanto en los registros históricos como bíblicos y concuerdan perfectamente.[23]

Piedra de Pilato

Descubierta en 1961, en el yacimiento arqueológico Cesárea Marítima. Una auténtica inscripción romana del siglo I con el nombre de Poncio Pilato. Actualmente se encuentra en el Museo de Israel.

---

[23] Cf. Hechos 12:20-23; Anales de Tácito.

Jesucristo: revolución y punto de inflexión universal

Hablar sobre la figura de Jesús excedería, con mucho, el objeto de esta obra. Se podría decir que, hasta la misma Biblia, se queda corta a la hora de narrar su vida y hechos sobrenaturales. De manera que, en unas pocas líneas, intentaremos hacer un esbozo de su persona. [24] Es en un contexto de conflictos y carencias, consecuencia del dominio romano, donde debe contemplarse el nacimiento y el ministerio de Jesús. El pueblo judío estaba dividido y cada grupo tenía sus propias reglas para enfrentarse al poder romano.

Jesús nació en Belén de Judea (Mateo 2:1; cf. con profecía de Miqueas 5:2) y fue circuncidado conforme a la *Toráh* al octavo día, hijo de José y María. Inició su predicación después de la muerte de Juan el Bautista, su precursor (Mateo 3:1-12; Marcos 1:1-8; Lucas 3:1-9, Juan 1:19-28). Su popularidad aumentó en función de sus palabras nuevas, sencillas y explicitas. Su propuesta, sus sanaciones y milagros le llevaron hasta Jerusalén, apoyado por sus discípulos, para festejar el *Pésaj* -la Pascua- probablemente en el año 30.

Sus parábolas y enseñanzas resultaron complicadas de aceptar y entender por los fariseos (estos judíos eran los más rigurosos y observantes de la Ley, pero hicieron de la piedad un puro formalismo y dieron menos importancia a la actitud del corazón que al acto exterior). En vísperas de la Pascua fue detenido, condenado a muerte y crucificado. Sus discípulos, seguidores y multitud de testigos defendieron -muchos hasta la muerte- que resucitó tres días después de su muerte, que era el Mesías, el hijo de Dios, que murió en la cruz por la salvación de los hombres, y finalmente que volverá en un tiempo para juzgar a la humanidad.

---

[24] Para más información sobre este tema, remito al lector a mis obras: *'Judaísmo y Cristianismo: de la cátedra de Moisés al trono de Cristo'* (https://www.amazon.es/Judaísmo-Cristianismo-cátedra-Moisés-Cristo/dp/197687436X/ref=sr_1_4?crid=3E1P2QRBXGPZ0&keywords=diego+iglesias+escalona&qid=1693558749&sprefix=%2Caps%2C527&sr=8-4) o también: *'Teología Esencial: Naturaleza y Alma de Dios'* (https://www.amazon.es/Teologia-Esencial-Naturaleza-alma-Dios/dp/172020330X/ref=tmm_pap_swatch_0?_encoding=UTF8&qid=16935 58749&sr=8-5).

El amor fraternal, la ética y la moral son características fundamentales del mensaje de Jesús que, desde un principio, no se alejó de los preceptos judíos: respetó las leyes judías, celebró la Pascua hebrea, etc. "No penséis que he venido para abrogar la ley o los profetas; no he venido para abrogar, sino para cumplir" (Mateo 5:17). Jesús rompió el separatismo ritual comiendo con pecadores y publicanos (los encargados de cobrar impuestos, tenían que pagarse a sí mismos por ello cobraban sumas abusivas), sanó en *Shabat*, permitió la ingesta de alimentos prohibidos y planteó rotundamente que lo viejo y lo nuevo no pueden mezclarse. Con autoridad divina, reclamó ser Hijo de Dios y que tenía poder para perdonar pecados. Sin dudas, para los judíos en general, esto era locura y blasfemia (Marcos 2:5-12).

Su personalidad sin parangón, su nacimiento virginal, sus palabras, su mensaje de redención de la humanidad ofreciendo una vida eterna, sus milagros, sus profecías, sus asombrosas declaraciones sobre su deidad y eternidad, sin dudas dejaron pasmados y atónitos tanto a sus seguidores como a sus perseguidores.

Tras la muerte de Jesús se registró el acontecimiento central y principal del cristianismo: la resurrección (Mateo 28:1-10; Marcos 16:1-8; Lucas 24:1-12; Juan 20:1-10). Este evento dibujó la línea divisoria entre el Jesús histórico y el Cristo de la fe. La muerte en la cruz de Jesús parecía ser el final de la esperanza judía, pero más bien fue, al contrario, con su resurrección. Sus discípulos lo vieron después de morir (Mateo 28:16-20; Marcos 16:14-18; Lucas 24:1-49; Juan 20:19-23). "Se presentó vivo con muchas pruebas indubitables" (Hechos 1:3). Jesús, había resucitado. La certeza de que Jesús seguía con vida transformó a unos pocos y desconsolados seguidores de un líder asesinado en uno de los grupos más activos y dinámicos de la historia de la humanidad, trastornando así al mundo entero y proclamando por las ciudades: "Hay otro rey, Jesús" (Hechos 17:6-8).

Según el registro bíblico, Jesucristo no solo resucitó, sino que ascendió a los cielos. De donde vino, allí regresó, aportando este hecho -si cabe- aún más deidad a su persona (Marcos 16:19-20; Lucas 24:50-53; Hechos 1:9). Sin embargo, no dejó huérfano a sus partidarios con su marcha (Juan 14:18), pues cumplió una gran promesa dejando su esencia de la deidad: el Espíritu Santo (Juan

14:15-26; Hechos 1:8, 2:1-4). De esta manera, llenos del Espíritu Santo, los discípulos comenzaron a difundir el evangelio con fervor. Así pues, los primeros pasos del cristianismo se encuentran tanto en la resurrección de Cristo como en sus seguidores, quienes transmitieron el mensaje del Hijo de Dios habiendo sido testigos de sus enseñanzas. Toda la infraestructura romana, llena de puentes, acueductos y calzadas, ayudó en gran manera a la extensión del evangelio.

Sin dudas, el cristianismo se desarrolló en terreno judío y la huella de Cristo será imborrable, trascendental y tendrá un alcance cósmico y universal como veremos más adelante. Bajo un nuevo pacto, cuyo mediador es Jesucristo (Hebreos 12:24), Dios ha prometido a la humanidad perdonar el pecado y restablecer la comunión con todas aquellas personas que crean, por fe, en la vida, obra, muerte y resurrección de su hijo Jesucristo.

Este nuevo pacto, que originalmente fue dado al pueblo de Israel, incluye la ampliación de los pactos anteriores como el Abrahámico y el Davídico, a los que ya hemos hecho mención anteriormente. Paralelamente contiene referencias a fructíferas bendiciones y una vida justa y pacífica en la tierra prometida (Ezequiel 36:26-28). Sin embargo, después de la resurrección de Cristo, los gentiles -todas aquellas personas que no son judíos- también entraran en la bendición del nuevo pacto (Hechos 10; Efesios 2:12-16). Este nuevo pacto terminará de cumplirse íntegramente tanto en la tierra, durante el reino milenario como en el cielo, por toda la eternidad. De nuevo, es prematuro hablar sobre estos acontecimientos.

Primera rebelión: la caída de Jerusalén, la destrucción del Templo y el asalto a Masada

En el año 64, "las voces populares acusaban al emperador Nerón de provocar un fuerte incendio en la ciudad, quien desvió la atención culpando de ello a los cristianos".[25] Además, el verano del año 66 comenzó con algunos disturbios entre judíos y los

---

[25] Javier Cabrero Piquero, *Roma* (Madrid, España: Edimat Libros, 2008), 270-272.

residentes griegos de Cesárea, capital romana de la provincia de Judaea. Los judíos decían haber visto a griegos sacrificando pájaros delante de una sinagoga, lo cual era inadmisible para su religión. En principio, Roma se abstuvo de intervenir en dicho motín, pero esto hizo que la sublevación se extendiese y pasara de ser una guerra entre judíos y griegos a una rebelión contra el sistema impositivo romano. La revuelta se extendió a Jerusalén, produciéndose ataques a romanos y judíos romanizados. Hasta la pequeña guarnición romana en Jerusalén fue atacada. A partir de aquí comenzó la gran guerra judía que duraría hasta el año 73.

En el 66, el militar romano Cayo Cestio Galo, intentó intervenir para calmar los ánimos, pero fue un desastre ya que perdió por el camino una legión entera. Hasta el rey prorromano Herodes Agripa II y su hermana Berenice tuvieron que huir a la región de Galilea (Hechos 25:13-27). Poco después, Galo murió y el emperador Nerón designó al general Vespasiano para sofocar la rebelión. Vespasiano se hizo de dos legiones que estaban en Siria y su hijo Tito también contribuyó aportando otra legión que estaba en Egipto, reuniéndose todos en la costa.

A la muerte de Nerón, Vespasiano terminó siendo proclamado emperador (69 d.C.) mientras que su hijo Tito fue enviado a Jerusalén para aplastar las revueltas. En el templo edificado por Herodes ya no se encontraba el Arca del Pacto ni su contenido. Estos objetos sagrados desaparecieron después de la destrucción de Jerusalén en el año 586 a.C. por Nabucodonosor, rey de Babilonia, como ya hemos visto anteriormente. Aunque sí quedaba una mesa y una Menorá de oro, los vasos y utensilios sagrados además de un tesoro de unos 2000 talentos. De la misma forma que el tabernáculo, el lugar santísimo estaba separado por cortinas. En su estructura, básicamente difería del anterior en que ahora estaba rodeado de un gran patio para los gentiles.

Desde Egipto, el general Tito llegó a Cesárea. En Jerusalén continuaban las luchas civiles y defendían la ciudad sectores divididos entre sí como los zelotes, sicarios e idumeos encabezados por Eleazar Ben Simón (que ocupaba la Torre Antonia y el Templo), Juan de Giscala y Simón Bar Giora, entre otros. Tito comenzó el asedio de Jerusalén acampando con su ejército a pocos kilómetros de la ciudad. Ante esta situación las diferentes facciones no tuvieron más remedio que unir sus fuerzas para hacer frente al ejército romano. Al principio Tito no pudo romper la defensa de la ciudad, por ello se vio obligado a sitiarla, sabiendo que la ciudad no disponía de agua y alimentos suficientes para todos sus habitantes. Con el paso del tiempo la gente comenzó a enfermar: la peste, el hambre, la muerte y el horror reinaban ahora dentro de la ciudad. Dejo aquí una tarea al lector: una ojeada a Deuteronomio 28:49-68, una profecía de más de 1500 años que se estaba cumpliendo ahora ante los ojos del pueblo judío. Unos años antes de la destrucción del Templo (30-32 d.C.), el mismo Jesucristo, también haría la misma predicción (Mateo 24:1-2; Marcos 13:1-2; Lucas 21:5-6).

En septiembre del año 70, Tito ordenó incendiar las puertas de la ciudad y el Templo, siendo quemado su santuario. Los pocos judíos que quedaron fueron deportados como esclavos a las minas de Egipto o llevados al Coliseo romano para luchar con las fieras. Esto ocasionó un enorme pesar al pueblo judío y el día santo 10 de Av[26] ("principal día de ayuno y abstinencia del judaísmo, al que se lo suele llamar el día más triste en la historia judía"[27]) conmemora la destrucción del Templo. El general Tito se negó a aceptar una corona de la victoria decretada por el Senado de Roma, dijo que "no hay mérito en derrotar un pueblo abandonado por su propio Dios".[28] Tito regresó a Roma para celebrar su victoria, triunfo que quedó reflejado para la historia en el conocido 'Arco de Tito' situado en la Vía Sacra, justo al sureste del Foro, en Roma.

Muchos de los zelotes y sicarios se habían refugiado en Masada, una fortificación de difícil acceso situada en la cumbre de una montaña cerca del Mar Muerto. Herodes la había utilizado antes para resguardar a su familia de la invasión parta en el año 40 a.C., por esta razón, la fortaleza estaba bien preparada y surtida de

---

[26] Av es el nombre hebreo del quinto mes del año judío, que empieza en primavera (con nuestro calendario se corresponde, más o menos, con los meses de julio y agosto). La fecha de la destrucción del Templo está tomada del Libro de Jeremías 52:12.

[27] Joseph Telushkin, *Jewish Literacy: Most Important Things to Know About the Jewish Religion, Its People and Its History* (William Morrow & Co.,1991), 656.

[28] Paul Johnson, *La historia de los judíos* (España: B de Bolsillo, 2023), sp.

alimentos, víveres y armas como para resistir un asedio prolongado. El general romano Lucio Flavio Silva, decidido a conquistar este último bastión judío, marchó con su ejército y comenzó a derribar la muralla a golpe de ariete con la intención de realizar el asalto definitivo al día siguiente. Los sicarios, al mando de Eleazar Ben Yair, empezaron a darse cuenta de su inminente final, al no tener escapatoria posible. Con esta idea en mente, prefirieron organizar un suicidio colectivo antes de caer en manos de los romanos. De esta manera murieron 960 personas en el mes de mayo del 73 d.C., tan solo pudieron escapar dos mujeres y cinco niños que pudieron ocultarse en una de las galerías que conducía a las cisternas. A la mañana siguiente, los romanos iban a comenzar con el asalto, pero no encontraron obstáculo alguno, solamente hallaron muchos cuerpos sin vida y a dichas mujeres asustadas.

Aunque el Templo fue destruido y Jerusalén quemada hasta los cimientos, el judaísmo siguió su camino. El cuerpo judicial y legislativo supremo, el Sanedrín, fue reconstituido en Yavne y posteriormente en Tiberíades. Poco a poco la vida institucional y comunitaria se renovó, los sacerdotes fueron reemplazados por rabinos y la sinagoga pasó a ser el centro de cada comunidad judía, como lo evidencian las ruinas de sinagogas encontradas en Capernaum, Corazín, Baram, Gamla, Betsaida y otros lugares.

Arco de Tito

Detalle del relieve en el interior del Arco de Tito que muestra el saqueo del asedio de Jerusalén del año 70 d.C. Construido hacia el año 80 d.C. por el emperador romano Domiciano.

Siclo de plata de la Primera Guerra Judeo-Romana. En una cara aparece un cáliz con las palabras: 'siclo de Israel, Año Dos' (67-68 d.C.). En la otra aparecen tres granadas y lleva la inscripción en hebreo: 'Jerusalén es Santa'.

La llamada 'moneda de la victoria sobre Judea'. Sestercio de plata con el rostro de Vespasiano. En la otra cara Roma de pie, triunfante, y Judea derrotada.

Segunda rebelión: Simón Bar Kojbá

En el año 117 Adriano, natural de Itálica, en el actual término municipal de Santiponce (Sevilla, España), fue nombrado emperador. Su política exterior y su carácter helénico le llevó a otro grave conflicto con Judea. Promulgó una serie de medidas como "la prohibición de la circuncisión -para la cultura griega y romana, la circuncisión era una mutilación ultrajante-; suprimió el respeto al *Shabat*, el día sagrado de la semana en el judaísmo rabínico y otras tantas leyes de pureza familiar".[29] Además de esto, sobre el año 129, Adriano puso en marcha un plan para la reconstrucción de Jerusalén como centro pagano con el nombre de *"Aelia Capitolina* (Aelia por su propio nombre y Capitolina en honor al dios romano Júpiter)".[30] La simple idea ya era intolerable para los judíos. Y el colmo fue cuando a Adriano, en un intento por borrar cualquier memoria de Judea del Israel antiguo, se le ocurrió cambiar el nombre del país de *Judaea* a *Palaestina* o *Palestina*.

Con todo este cúmulo de tensiones estalló la revuelta. La rebelión la lideró el judío Simón Bar Kojbá, muchos le consideraban como un mesías, ya que prometía la redención del pueblo judío. Sin embargo, todo esto llevó a que Adriano reuniera legiones a gran escala en todas las esquinas del imperio, invadiendo Judea en el año 134 bajo el mando del general Sexto Julio Severo.

La rebelión de Bar Kojbá supuso una extensa despoblación de las comunidades judías, mucho más que la primera guerra judeo-romana en el año 70. Al menos 580.000 judíos murieron en la guerra y muchos más murieron de hambre o enfermedad. Las características y peculiaridades de Jerusalén cambiaron considerablemente cuando Adriano terminó la reconstrucción de la ciudad con una estructura totalmente romana, que sigue siendo la misma a día de hoy.

---

[29] Meir Holder, *History of the Jewish People* (Mesorah Pubns Ltd, 1986), 60.

[30] Dión Casio, *Historia romana. Obra completa* (Madrid: Editorial Gredos, 2004), sp.

Mapa del imperio romano en su máxima extensión bajo el mandato de Trajano sobre el año 117 d.C.

Constantino I: el cristianismo legalizado

Sobre el siglo IV, el imperio romano estaba en manos de Licinio, Constantino, Maximino Daza y Majencio. Entre los tres primeros existía un cierto entendimiento político, pero a Majencio lo tenían como un usurpador. Constantino reunió a su ejército y cargó contra Majencio, derrotándolo en la batalla de Puente Milvio. Según el testimonio de un historiador cristiano llamado Lactancio, Constantino tuvo un sueño antes de la batalla donde se le ordenaba dibujar un símbolo cristiano en los escudos de los soldados, una X y una P superpuestas (labarum). "El labarum de Constantino podía interpretarse como un monograma que consistía en la superposición de P y X, las dos primeras letras del nombre de Cristo en griego XPISTOS".[31] El caso es que la victoria de Constantino sobre Majencio envuelta en ese halo cristiano, llevó a Constantino a favorecer el cristianismo que, junto con Licinio, elaboró el llamado 'Edicto de Milán' en el año 313 d.C.:

> Habiendo advertido hace ya mucho tiempo que no debe ser cohibida la libertad de religión, sino que ha de permitirse el arbitrio y libertad de cada cual se ejercite en las cosas divinas conforme al parecer de su alma, hemos sancionado que, tanto todos los demás, cuanto los cristianos, conserven la fe y observancia de su secta y religión (...) Que a los cristianos y a todos los demás se conceda libre facultad de seguir la religión que a bien tengan; a fin de que quienquiera que fuere el numen divino y celestial pueda ser propicio a nosotros y a todos los que viven bajo nuestro imperio. Así, pues, hemos promulgado con saludable y rectísimo criterio ésta nuestra voluntad, para que a ninguno se niegue en absoluto licencia de seguir o elegir la observancia y religión cristiana. Antes bien sea lícito a cada uno dedicar su alma a aquella religión que estimare conveniente.[32]

Con este edicto de tolerancia, el cristianismo pasó, lentamente, de ser una religión perseguida y poco tolerada a una religión privilegiada.

---

[31] Justo L. González, *Historia del cristianismo, Tomo I* (Miami: Editorial Unilit, 1994), 150.

[32] Juan Carlos Rivera Quintana, *Breve historia de Carlomagno* (Madrid, España: Ediciones Nowtilus S.L., 2009), 21.

Ya en el siglo IV, debido a la inestabilidad política del Imperio Romano, el emperador Constantino I dividió el Imperio entre sus tres hijos: Constantino II, Constante y Constancio II. En un principio el Imperio quedó dividido en tres partes: Occidental, Central y Oriental, pero este sistema tenía los días contados. La mala relación existente entre los hermanos hizo que al final quedaran solo dos partes: la Occidental, con capital en Roma y la Oriental, con capital en Constantinopla (actual Estambul), cuyas estructuras políticas eran muy diferentes, quedando la ciudad de Jerusalén -ahora ya Palestina- incluida en este último sector. Esta división del Imperio Romano -Occidental y Oriental- se va a mantener así durante unos dos siglos o dos siglos y medio hasta el colapso de la estructura imperial romana de la parte Oriental que dará paso a la consolidación del Imperio Bizantino. Sin embargo, aunque dividido, seguía siendo el Imperio Romano.

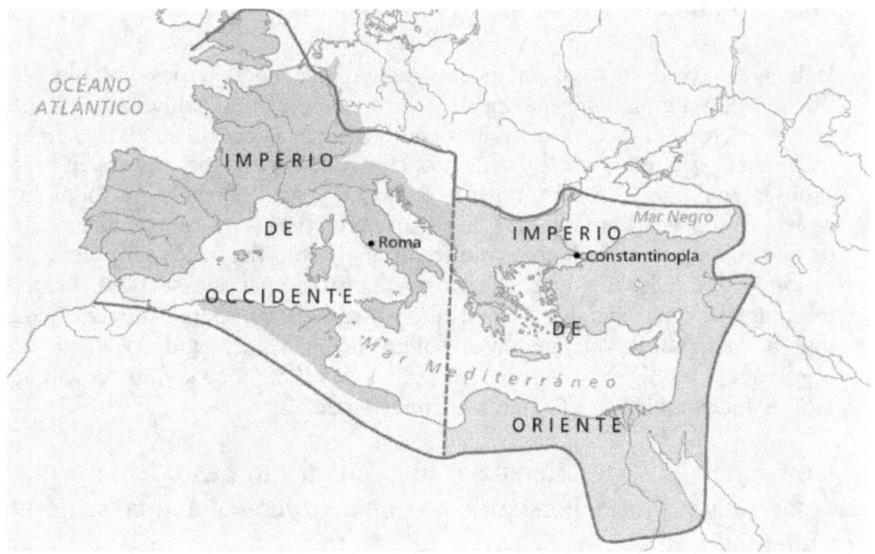

Imperio Romano dividido en Occidente y Oriente, sobre el año 392

Los últimos días del Imperio Romano Occidental

Derrotas en batallas importantísimas como las de Aquileya (170), Edesa (260) y Adrianópolis (378), dejaron muy tocado al Imperio. Sobre el año 455, Petronius Maximus fue nombrado nuevo emperador. Los vándalos -un pueblo germano de Europa central- y los alanos -un grupo étnico de origen iranio- al mando del rey Genserico, desembarcaron en Italia y, tras asesinar al emperador, saquearon Roma. Por otro lado, los visigodos -otro pueblo de origen germánico- al mando de Alarico I, realizaron importantes incursiones en el Imperio Romano. Otro gran pueblo germánico más -los suevos-, dirigidos por el rey Hermerico, penetraron en Hispania, atravesando el Pirineo Occidental.

A partir del año 465, dichos pueblos germánicos aprovecharon para consolidar sus reinos. Por entonces, apenas quedaban emperadores dignos de portar tal título. En el año 476, Odoacro, general de origen germánico al servicio del Imperio romano occidental, destituyó a Rómulo Augústulus, convirtiéndose así en gobernante de Italia y demostrando la inutilidad de Occidente. A estas alturas, el Imperio Romano Occidental ya había dejado de existir prácticamente.

		Daniel 2:30-45		Daniel 7	Daniel 8	Fechas
1er. Reino	Oro	Babilonia (Nabucodonosor)		León		605-539 a.C.
2° Reino	Plata	Media-Persia (Darío I – Darío III)		Oso	Carnero	539-330 a.C.
3er. Reino	Bronce	Grecia (Alejandro Magno)		Leopardo	Macho Cabrío ... (Antíoco IV Epífanes)	330-145 a.C.
4° Reino	Hierro	Roma		4ª Bestia Espantosa		27 a.C. – 476 d.C.

4. Reconstrucción gráfica. Sueño de Daniel sobre la estatua de Nabucodonosor. Nótese los puntos suspensivos a partir del 4° reino, pues los siguientes imperios no serán tan dilatados y considerables como el Imperio Romano.

Imperio bizantino

He aquí que las naciones le son como la gota de agua que cae del cubo, y como menudo polvo en las balanzas le son estimadas; he aquí que hace desaparecer las islas como polvo (Isaías 40:15).

La época bizantina fue un periodo marcado por la consolidación de la población y las instituciones cristianas en Jerusalén, fundamentalmente gracias a la política de Constantino. La iglesia del Santo Sepulcro se consagró en el año 335, Jerusalén se convirtió en lugar de peregrinación para muchos cristianos que ayudaron a construir iglesias. Todavía hoy se conservan muchas iglesias y mosaicos bizantinos en Israel. El cristianismo se convirtió en la religión mayoritaria de los habitantes de Tierra Santa. El judaísmo, en cambio, aunque era una religión lícita y tolerada, poco a poco se fue degradando.

En el año 358 y hasta el 429, la Tierra de Israel se dividió en tres distritos administrativos: *Palaestina Prima*, que incluía Judea,

Samaria, la llanura costera, Idumea y Perea, con capital en Cesárea. *Palaestina Secunda*, con su capital en Escitópolis (actual Beit She'an), Galilea, el Golán y la Decápolis y *Palaestina Tertia*, constituida en gran parte por el Néguev con capital en Petra.

Al hablar del Imperio Bizantino, tenemos que tener claro que seguimos hablando del Imperio Romano, solo que es su continuación Oriental. Dicha parte Oriental perduró como Imperio Bizantino o Bizancio (importante ciudad colonial de la Tracia griega) junto con su poderosa capital comercial más grande de Europa, conocida como Constantinopla (hoy Estambul). En el siglo IV, por tanto, nos encontramos con una Europa Occidental que estaba formada por una serie de reinos: visigodos, francos, lombardos, ostrogodos, etc., y un Imperio Oriental -el Bizantino- que duraría unos 10 siglos y estaba formado por países actuales como Grecia, Macedonia, Turquía, Siria, Palestina y Egipto.

A lo largo de este milenio, el Imperio Bizantino sufrió numerosas pérdidas y derrotas -especialmente durante las guerras contra los sasánidas, normandos, búlgaros, árabes y, por último, turcos- que culminó con la caída de Constantinopla y la conquista del resto de territorios bizantinos por los turcos otomanos en el siglo xv.

Justiniano I

El máximo esplendor de Bizancio fue durante el reinado de Justiniano I entre el año 527 y 565, cuyo objetivo fue recuperar el esplendor de Roma mediante conquistas militares venciendo a vándalos y ostrogodos, consiguiendo así conquistar las tierras del norte de África, Italia y una parte de España, anexándolas a su Imperio. Además de esto, elaboró una serie de leyes conocidas como 'Código Justiniano', una evolución de la ley y el derecho romano con gran influencia en toda la Edad Media, esto permitió la transmisión de uno de los más importantes legados del mundo antiguo hasta nuestros días. Por otro lado, Justiniano también abordó un proyecto para construir grandes obras públicas como nuevos caminos, puentes, escuelas, basílicas (como la de Santa Sofía, centro de la Iglesia ortodoxa durante muchos siglos), hospitales, murallas, etc.

Con Justiniano también se inició el llamado 'Cesaropapismo', donde la autoridad civil y religiosa residen en la persona del emperador. Es decir, Justiniano se adjudicó dos títulos: sería tanto un César como un Papa, pero rompiendo al mismo tiempo con la trasnochada Roma papal.

La fragilidad del Imperio

Después de la muerte de Justiniano en el año 565, la situación del Imperio era bastante complicada. La gran extensión de su territorio que debía ser protegido, unido a una gran crisis económica derivada de los elevados gastos militares y la aparición de una grave plaga que afectó a buena parte de Europa, Asia y África, el Imperio quedó muy debilitado.

Por otra parte, debido una serie de ataques externos, Bizancio perdió gran parte de su territorio. Los lombardos conquistaron parte de Italia y más tarde, ya en el siglo VII, el Imperio tuvo que enfrentarse a los ataques de los persas y los eslavos. En el 613, los persas atacaron primero Damasco, y al año siguiente tomaron Galilea, Cesarea y Jerusalén.

Bizancio siguió menguando y declinando. El colmo fue cuando tuvieron que confrontar la expansión de los pueblos árabes en el año 638, perdiendo el control de Siria y Palestina. Para el año 750 las fronteras del Imperio bizantino ya se habían reducido considerablemente.

La decadencia del Imperio

En el siglo VIII el latín dejó de ser utilizado, convirtiéndose el griego en el idioma oficial y la religión cristiana la más importante. De hecho, cuando el emperador bizantino León III prohibió el uso de imágenes e iconos en las iglesias, originó numerosos problemas en la sociedad bizantina. Estas y otras muchas decisiones que tomó León III no fueron muy bien vistas por la Iglesia Católica Romana en la parte Occidental del Imperio, de manera que la iglesia católica y la bizantina comenzaron a distanciarse; tanto es así que el desarrollo de estas dos iglesias a lo largo de la historia ha sido muy diferente.

Hacía tiempo que el Imperio había perdido ya su brillo y esplendor. No obstante, esto cambió en el siglo X gracias, principalmente, a la política que llevó a cabo Basilio II, quien promovió las relaciones comerciales con los países de Europa

Occidental. Debido a ello, la ciudad de Constantinopla volvió a experimentar un gran crecimiento económico. Gracias a su desarrollo militar y cultural se expandieron hacia Bulgaria, vencieron a los pueblos árabes en Siria y pueblos orientales, como los serbios y los búlgaros, adoptaron el cristianismo bizantino.

Siglos después, en abril del año 1204, la ciudad de Constantinopla fue saqueada, el Imperio quedó muy debilitado y entró en un largo periodo de decadencia. Al mismo tiempo, los turcos otomanos, un pueblo de religión musulmana, crecían rápidamente, y desde mediados del siglo XIV comenzaron a amenazar las fronteras del Imperio Bizantino. La caída de Constantinopla se produjo finalmente el 29 de mayo de 1453, después de un sitio de dos meses llevado a cabo por el sultán otomano Mehmet II. El último emperador bizantino, Constantino XI no pudo hacer nada contra las aplastantes tropas otomanas. De esta manera terminó el Imperio Bizantino, la gran basílica de Santa Sofía quedó transformada en Mezquita y Constantinopla fue rebautizada como Estambul, la nueva capital del Imperio Otomano. Pero, entremos en detalles importantes.

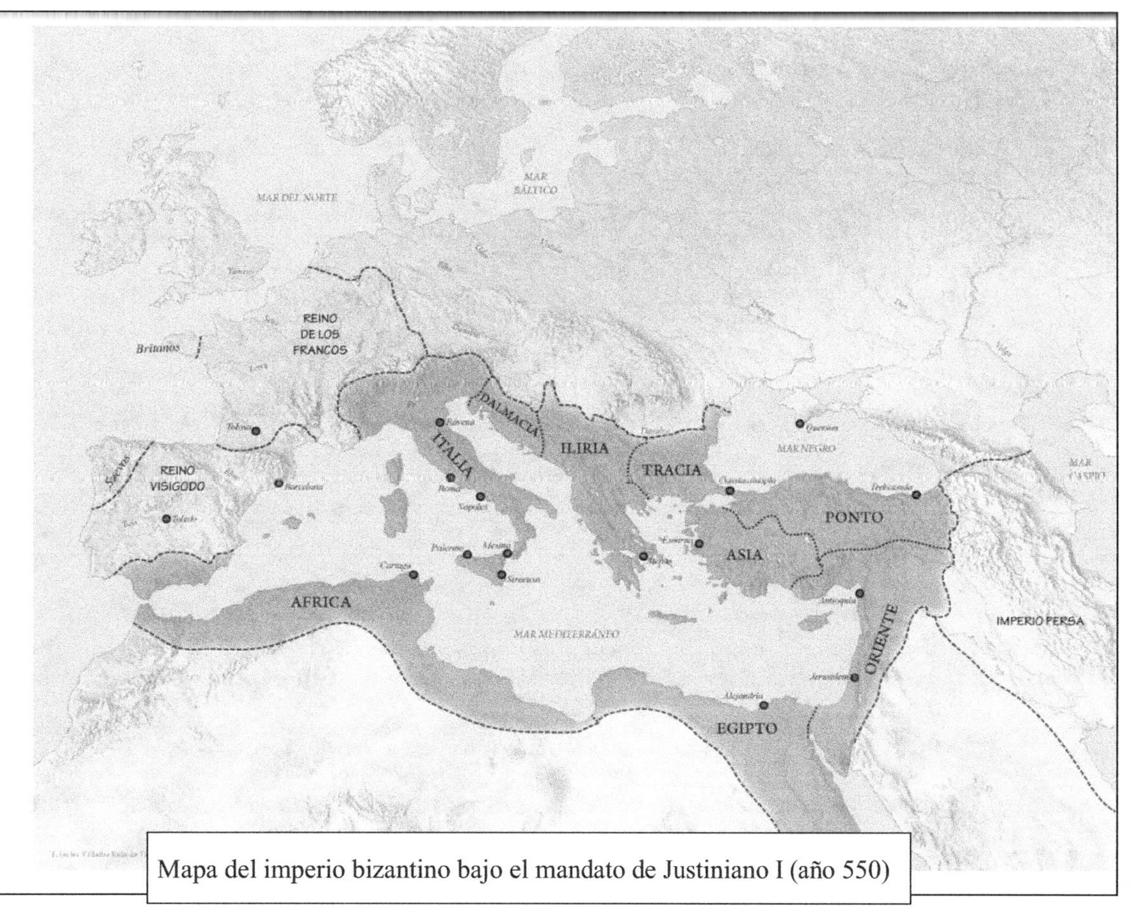

Mapa del imperio bizantino bajo el mandato de Justiniano I (año 550)

La expansión árabe

Le dijo también el ángel de Jehová [a Agar, sierva egipcia de Sarai, mujer de Abram]: Multiplicaré tanto tu descendencia, que no podrá ser contada a causa de la multitud. Además, le dijo el ángel de Jehová: He aquí que has concebido, y darás a luz un hijo, y llamarás su nombre Ismael, porque Jehová ha oído tu aflicción. Y él será hombre fiero; su mano será contra todos, y la mano de todos contra él, y delante de todos sus hermanos habitará (Génesis 16:10-12; Cf. 21:18, 'Pacto Agárico').

Desde el Oriente surgió una nueva amenaza. Sin embargo, dicha amenaza tuvo su origen siglos atrás, desde los días de Abraham. Recordemos que los judíos son descendientes de Isaac, hijo de Abraham, el hijo de la promesa (Génesis 18:1-15, 21:1-5) y los árabes son descendientes de Ismael, también hijo de Abraham (Génesis 16:11-16).

Desde el primer momento ya hubo tensión y estrés entre las dos familias. Ismael, con catorce años más que su hermano Isaac, se burlaba de él (Génesis 21:9) y Agar, madre de Ismael, siendo una esclava egipcia miraba con desprecio a Sara, madre de Isaac, debido a la esterilidad de ésta (Génesis 16:4). Ante estas constantes rivalidades y contiendas, Sara decidió hablar con Abraham para que echase de allí tanto a Agar como a su hijo Ismael (Génesis 21:10) y todo esto ocurrió, además, con el beneplácito y la autorización de Dios pues la descendencia legítima partía de Isaac (Génesis 21:12), aunque también hubiera una promesa de gran nación para Ismael (Génesis 16:10-12, 21:18; acuerdo conocido como pacto Agárico). No es de extrañar, por tanto y desde entonces, la reciproca y profunda hostilidad entre estas dos naciones, la judía y la árabe, que perdura hasta nuestros días.

El lector debe notar algo muy importante entre ambos pactos. Aunque el pacto Abrahámico y el Agárico pueden parecer muy similares, el pacto Abrahámico compromete tierra y reino mientras que el Agárico solamente una nación muy fuerte. El apóstol Pablo explicó esta situación perfectamente -el amor eterno de Dios hacia Israel- en su alegoría entre Sara y Agar:

Porque está escrito que Abraham tuvo dos hijos; uno de la esclava, el otro de la libre. Pero el de la esclava nació según la carne; mas el de la libre, por la promesa. Lo cual es una alegoría, pues estas mujeres son los dos pactos; el uno proviene del monte Sinaí, el cual da hijos para esclavitud; este es Agar. Porque Agar es el monte Sinaí en Arabia, y corresponde a la Jerusalén actual, pues esta, junto con sus hijos, está en esclavitud. Mas la Jerusalén de arriba, la cual es madre de todos nosotros, es libre. Porque está escrito:
Regocíjate, oh estéril, tú que no das a luz;
Prorrumpe en júbilo y clama, tú que no tienes dolores de parto;
Porque más son los hijos de la desolada, que de la que tiene marido.
Así que, hermanos, nosotros, como Isaac, somos hijos de la promesa. Pero como entonces el que había nacido según la carne perseguía al que había nacido según el Espíritu, así también ahora. Mas ¿qué dice la Escritura? Echa fuera a la esclava y a su hijo, porque no heredará el hijo de la esclava con el hijo de la libre. De manera, hermanos, que no somos hijos de la esclava, sino de la libre (Gálatas 4:22:31; Cf. Isaías 54:1-3).

Mahoma

Mahoma nació en La Meca, actual Arabia Saudita, sobre el año 570 d.C. No hay datos exactos sobre su infancia, sin embargo, se sabe que creció como un huérfano (Sura 93:6 del Corán) y a la edad de veinticinco años contrajo matrimonio con una rica y viuda comerciante llamada Jadiya, con la que tuvo varios hijos.

Por entonces, el cristianismo estaba bastante difundido por la región árabe de Basán y los judíos estaban bien establecidos en la zona de Yemen y Medina. Descontento y contrariado por el politeísmo y las falsas creencias que rezumaba La Meca, Mahoma pronto comenzó a mostrar interés por la religión y muy posiblemente se impregnó y asimiló muchas de las enseñanzas talmúdicas y cristianas, siendo influido notablemente al beber de estas fuentes. En el 610, Mahoma solo contemplaba a Alá como su único Dios siendo él mismo el último de sus enviados al igual que Abraham, Moisés y Jesús. Mahoma estaba profundamente convencido de que los árabes, al igual que los judíos o cristianos, necesitaban también de un mensajero divino y un libro sagrado. Según Howard F. Vos, profesor de historia y arqueología:

> Mahoma construyó una teología que participaba del judaísmo, del cristianismo y del paganismo árabe, e infundiendo un celo fanático que no aguantaba oposición, produjo un movimiento que avanzaba a todo vapor y que no tardó en aplastar todo el Medio oriente, el norte de África y parte de Europa.[33]

Todo parecía apuntar a que Mahoma, con gran sinceridad por su parte (al menos en sus comienzos), quisiera 'copiar' una religión monoteísta para su pueblo. Sin embargo, poco sabía Mahoma del cristianismo. En palabras de J. T. Addison:

> Si Mahoma hubiese tenido un conocimiento a fondo de una forma decadente de cristianismo, o si la iglesia que él conocía tan imperfectamente hubiese sido más fuerte y más sana, las relaciones entre las dos religiones pudieran haber sido muy diferentes. Como sucedió, sin embargo, lo que se llamó cristianismo para su confundida mente era una copia distorsionada de fragmentos de un original notablemente defectuoso.[34]

Mahoma murió en junio del año 632 en la ciudad de Medina cuando contaba 63 años. Por entonces, Mahoma ya había unificado

---

[33] Howard F. Vos, *Breve historia de la Iglesia Cristiana* (Grand Rapids, Michigan: Editorial Portavoz, 1988), p 59.

[34] J. T. Adisson, *The Christian Approach to the Muslims* (Nueva York, EE.UU.: AMS Press, 1942), p 18.

toda la Península Arábica y parte de Siria y Palestina. Más tarde el dominio árabe se extendería por Mesopotamia, Persia, Egipto, el Norte de África y Al-Ándalus (la Península Ibérica) entre los años 711 y 1492. Sin dudas, la expansión de los califatos musulmanes fue una de las más repentinas y espectaculares que ha conocido la humanidad. Para comienzos del siglo VIII, tras la conquista de la Península Ibérica, los califas omeyas de Damasco controlaban un territorio que iba desde el Océano Atlántico hasta el Valle del Indo, que incorporaba gran parte del trazado de la ruta de la seda. Por esa época, prácticamente, el único imperio que no había sido derrotado por los musulmanes era el Imperio Chino.

Mahoma convirtió a La Meca en su capital religiosa y Medina en su capital política. Los cimientos de su nueva religión serían "el *Corán*, como palabra de Dios revelada; la *Sunna*, como conjunto de tradiciones y sentencias atribuidas a Mahoma que todo musulmán debe seguir y la *Kaaba*, como lugar de culto y peregrinación religiosa dentro de la mezquita Masyid al-Haram de La Meca".[35]

Peregrinos circunvalando la *Kaaba* como rito obligatorio

---

[35] A. J. Wensinck, *First Encyclopaedia of Islam 1913-1936* (New York: KOBENHAVN. KOLN, 1987), sp.

Los Omeyas y las conquistas musulmanas de Palestina

A Mahoma le sucedieron Abu Bakr y posteriormente Omar, suegro de Mahoma, pero no será hasta el segundo califato de la dinastía Omeya la que realmente extendió sus conquistas a las regiones de Judea y Jerusalén. En esta época, los musulmanes consiguieron varias victorias sobre el Imperio Bizantino: conquistaron Siria, entrando en Damasco en el 635, Jerusalén en el 638, Cesarea en el 640 y Asquelón en el 641. Los árabes se instalaron como agricultores y fundaron colonias para defenderse de las fuerzas bizantinas.

Las tensiones políticas y el asesinato de algunos califas, familiares de Mahoma, supuso el traslado de la capital a la base de Kufa, perdiendo Medina importancia política. Todos estos hechos conllevarán a la división del Islam en tres grandes ramas: los Chiíes, los seguidores de Alí, primo hermano y yerno del profeta Mahoma, a quien consideran su único sucesor; los Sunníes, los devotos de la *Sunna* y los Jariyíes, una facción de los musulmanes que dejaron de apoyar a Alí y defendían que el Califa podía ser cualquier musulmán elegido por la comunidad.

Las disputas religiosas y las tensiones fiscales en zonas como Siria, Palestina o Egipto, facilitaron que los pobladores de esos lugares aceptaran de buen grado a los musulmanes pues les ofrecían buenas condiciones respetando, en principio, sus propiedades y creencias; a cambio, los no musulmanes pagaban un impuesto especial.

Por otra parte, tanto el Imperio Bizantino como la Persia de los Sasánidas estaban muy debilitados tanto económica como militarmente después de casi 25 años de guerras casi ininterrumpidas. El acceso al poder de los Omeyas, como una de las familias más poderosas de Arabia, supuso la centralización de la administración en la nueva capital: Damasco; y Siria como centro de operaciones. Pusieron mucho énfasis en el carácter teocrático del poder del Califa, de esta manera el Imperio Omeya sería esencialmente árabe, claramente diferenciados frente al resto de pueblos.

En el periodo que va desde el año 685 hasta el 705, reinó el quinto Omeya Califa llamado Abd al-Málik que derrotó a chiítas y jariyitas restableciendo la unidad del Imperio. Impulsó la gran expansión musulmana por el norte de África con la conquista de Cartago en el 698, prosiguió la expansión árabe por occidente hasta Túnez y estableció el árabe como idioma oficial de la administración, reemplazando al griego y al persa, además de ordenar construir la Cúpula o Domo de la Roca en Jerusalén entre los años 691 y 692 en el lugar donde antes estaba el Segundo Templo Judío, destruido durante el sitio romano de Jerusalén en el año 70. Tanto judíos como cristianos afirman que fue en ese lugar donde Abraham estuvo a punto de sacrificar a su hijo Isaac (cuya madre fue Sara) por orden de Dios (Génesis 22). El Islam recoge también la tradición del sacrificio de Abraham, aunque en la versión islámica el hijo no era Isaac sino el primogénito, Ismael (cuya madre fue Agar, Génesis 16:15). El lector, por tanto, podrá hacerse una idea de donde viene tanto odio milenario entre estas naciones.

El fracaso en el asedio de Constantinopla en el año 718, la contención de la conquista del norte de Hispania y el sur de Francia tras las derrotas en Covadonga y Poitiers en el 732 marcaron el final del Islam clásico. A los Omeyas le sucederán los llamados Omeyas Califas Abasíes (750-1258) que trasladarán su capital a Bagdad. Bajo dicho gobierno el Islam experimentará nuevos avances en África y Asia y retrocesos en zonas como la Península Ibérica.

Hacia el año 1071, los turcos selyúcidas -una dinastía turca que reinó en los actuales Irán e Irak, así como en Asia Menor, entre mediados del siglo XI y finales del siglo XIII- invadió Palestina y acabó con el califato abasí. Ante este panorama, el emperador bizantino Alejo I Comneno pasó a la defensiva y solicitó al Papa Urbano II que le enviara mercenarios para poder reconquistar el terreno perdido, lo que dio origen a la Primera Cruzada.

Las Cruzadas

Las costas del Mediterráneo sobresalían como la separación entre las dos grandes religiones: Cristianismo e Islam. Entre tanto, el poder del papado romano cada vez crecía más. Con políticas y decretos eclesiales que conmocionaron a los gobernantes civiles en Roma y, sobre todo, la conquista de Palestina por los turcos selyucíes, resultó que, sobre el año 1070, el Papa Urbano II pasaría a la historia por organizar la Primera Cruzada para liberar Tierra

Santa de la dominación musulmana. Entre los siglos XI y XIII, un gran número de personas de toda condición se lanzaron voluntariamente desde Europa Occidental hacia Oriente Próximo para reconquistar dichos 'Lugares Santos'. A las ocho expediciones religioso-militares que, contra el mundo musulmán, se llevaron a cabo entre los años 1095 y 1270, se las conoce como 'Las Cruzadas'. Se trataba, pues, de recobrar para la fe cristiana las tierras donde había nacido Jesucristo. Occidente contra oriente. Dios contra Alá. La 'cruz' contra la 'media luna'.

Primera Cruzada (1095 – 1099). Urbano II convocó un concilio en Clermont (Francia) declarando la guerra a los infieles y prometiendo el perdón de pecados a todo aquel que tomara parte en la lucha. El papa Urbano se quejaba del poco respeto y de la violencia con que eran tratados muchos peregrinos cuando visitaban Jerusalén. Así que, bajo el texto -y pretexto- bíblico: "Si alguno quiere venir en pos de mí, niéguese a sí mismo, tome su cruz y sígame" (Mateo 16:24; Marcos 8:34; Lucas 9:23), el Papa Urbano II arregló esta primera campaña. En esta primera contienda –muy posiblemente la única que tuvo éxito realmente– hay que destacar a un ermitaño francés, Pedro de Amiens. Sin experiencia militar alguna comandó un grupo de campesinos guiándoles hasta Constantinopla, donde se unió al grupo del francés Godofredo de Bouillon, que conquistó Jerusalén en el año 1099 y estableció como primeros reyes cristianos en Jerusalén a Balduino I y, posteriormente, a Balduino II.

Segunda Cruzada (1147 – 1149). Se caracterizó principalmente por participar en ella más nobles y reyes que vasallos como Luis VII de Francia y el emperador alemán Conrado III. También destacó en su predicación el abad Bernardo de Claraval, que neutralizó la amenaza musulmana en el norte de Jerusalén. Sin embargo, el espíritu de los cruzados cada vez fue a menos mientras que el de los musulmanes fue creciendo, llegando a conquistar Edesa en 1144. Los cruzados, en lugar de recuperar dicha posición, resolvieron tomar Damasco que también resultó en un fracaso y decidieron volver a sus respectivos países.

Tercera Cruzada (1189 – 1192). Saladino, sultán de Egipto y Siria, expulsó a los cruzados de Tierra Santa. La toma de Jerusalén no gustó nada a la parte contraria. De este modo, el Papa Gregorio VIII proclamó dicha campaña para poder recuperarla de nuevo. Esta cruzada destacó por la participación de varios reyes importantes: Ricardo Corazón de León de Inglaterra, Felipe II Augusto de Francia y Federico I Barbarroja de Alemania. De estos tres, el único que consiguió entrar en Jerusalén fue Ricardo quien firmó una tregua con Saladino, pues Federico se ahogó mientras se bañaba en el rio Salef y Felipe abandonó a Ricardo, dejándole solo en la cruzada al tener problemas más importantes que resolver en su país. Esta vez, el fracaso fue para los dos bandos.

Cuarta Cruzada (1201 – 1204). Fue convocada por el Papa Inocencio III, posiblemente el pontífice más importante de la Edad Media, pues logró imponer su poder político sobre Roma. Entre sus muchas intervenciones destacó por conseguir alcanzar un acuerdo entre los reyes Felipe Augusto de Francia y Ricardo Corazón de León de Inglaterra que ponía fin a sus recíprocas y continuas hostilidades. Esta vez, los cruzados tomaron una ruta marítima, llegando a Venecia. Como consecuencia de algunas disputas entre los venecianos y los cruzados, éstos últimos terminaron por conquistar Constantinopla en lugar de Jerusalén en abril del año 1204, saqueando toda la ciudad –incluida la basílica de Santa Sofía– y asesinando a mucha de la población. "Se ultrajó y asesinó a hombres, niños y mujeres hasta tal punto que el historiador Nicetas consideró que los sarracenos habrían sido más indulgentes".[36] Fracaso tras fracaso, el ánimo y la esencia de los cruzados se fue apagando poco a poco. Por ello, las siguientes cruzadas tuvieron menor importancia.

Quinta Cruzada (1217 – 1221). Tenía como objetivo conquistar Egipto, pero al intentar atacar El Cairo el descalabro fue absoluto.

Sexta Cruzada (1227 – 1229). Fue más notable y valiosa que la

---

[36] Steven Runciman, *Historia de las Cruzadas III: El Reino de Acre y las últimas cruzadas* (Madrid, España: Alianza Editorial, 1981), p 123.

anterior, ya que fue dirigida por Federico II de Alemania quien consiguió recuperar Jerusalén, Belén y Nazaret mediante algunos acuerdos diplomáticos y llegó a proclamarse rey de Jerusalén en 1229. Sin embargo, Jerusalén volvió a caer en manos musulmanas en 1244.

<u>Séptima Cruzada</u> (1248 – 1254). Luis IX de Francia (Ludovico) organizó la esta cruzada para tomar la ciudad de Damieta en Egipto, pero su ejército fue sorprendido por la crecida del Nilo y la peste. Al final fue derrotado y hecho prisionero, aunque se salvó pagando un rescate.

<u>Octava Cruzada</u> (1270). Con Luis IX de nuevo al frente, el objetivo era Túnez con la intención de convertir al cristianismo al Emir y al Sultán de la ciudad. No solo fue recibido por las armas musulmanas, sino también por la disentería y la fiebre tifoidea, falleciendo en agosto de 1270. Tras la caída de Acre en 1271, los cruzados desocuparon sus últimos bastiones: Tiro, Sidón y Beirut.

Se podría calificar de fracaso, frustración y decepción los doscientos años 'invertidos' en Las Cruzadas. Jerusalén pasó de mano en mano, cruzada tras cruzada, "quedando Jerusalén en manos de los musulmanes hasta 1917, cuando el General Allenby [mariscal británico] conquistó la Ciudad Santa del poder de los turcos";[37] creando una enemistad entre el Cristianismo, el Islam y el Judaísmo que permanece hasta nuestros días.

---

[37] Howard F. Vos, Breve historia de la iglesia cristiana, p 68.

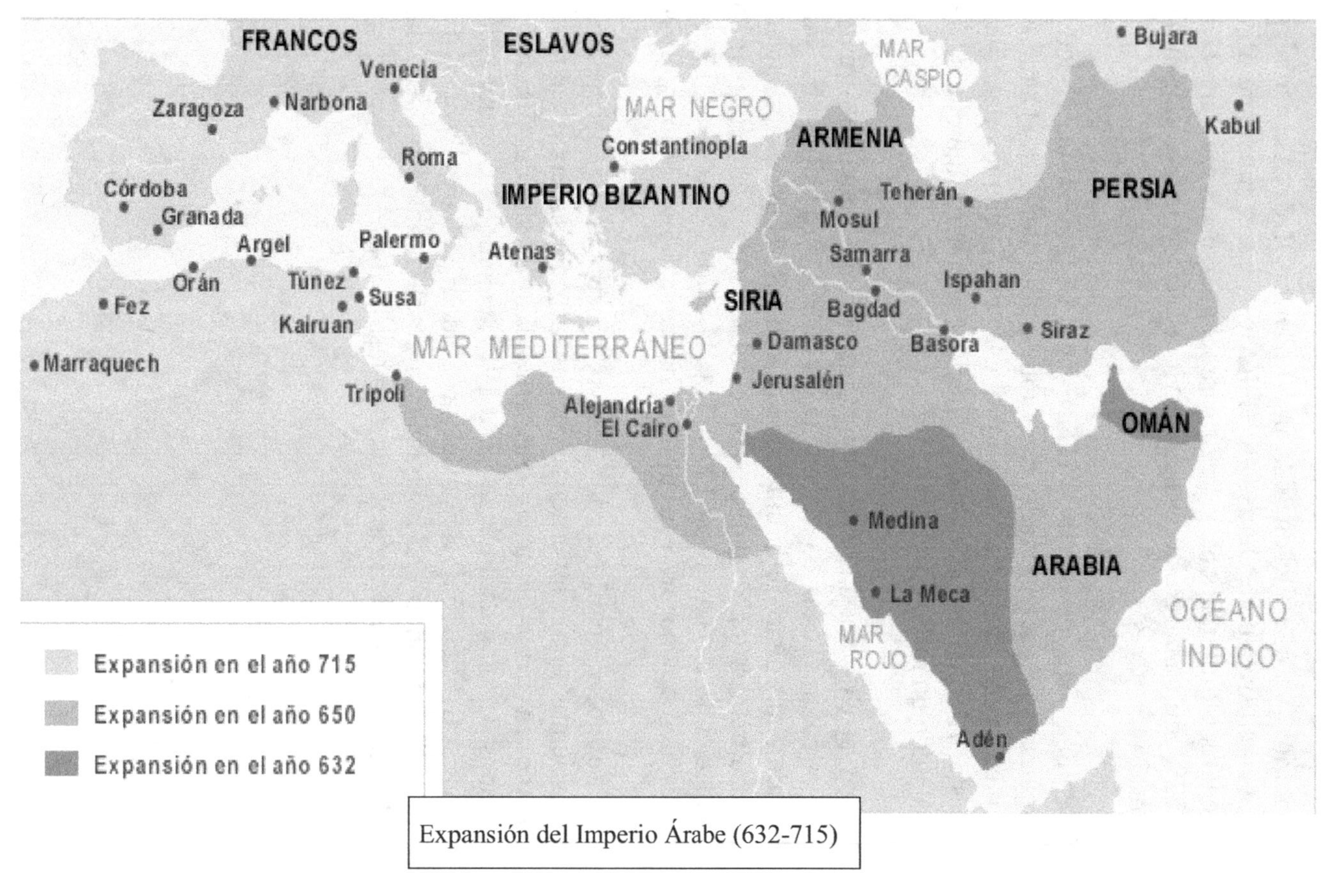

Expansión del Imperio Árabe (632-715)

Imperio otomano

10

¡Ay! multitud de muchos pueblos que harán ruido como estruendo del mar, y murmullo de naciones que harán alboroto como bramido de muchas aguas. Los pueblos harán estrépito como de ruido de muchas aguas; pero Dios los reprenderá, y huirán lejos; serán ahuyentados como el tamo de los montes delante del viento, y como el polvo delante del torbellino (Isaías 17:12-13).

La referencia más antigua conocida de Anatolia, actual Turquía, como 'Tierra de los Heteos' en la Biblia (Génesis 15:20; Éxodo 3:8) fue encontrada en las tablillas cuneiformes de Mesopotamia de la época del Imperio acadio (2350-2150 a.C.). Todas estas evidencias arqueológicas y documentales apuntan a que el pueblo hitita en Asia Menor se formó como consecuencia de su expulsión de la tierra de Canaán en la época de su conquista por Josué (Josué 1:4).

El Imperio Otomano -más conocido como el Imperio Turco-, uno de los más poderosos de la historia y baluarte en Anatolia, fue un Estado multi-étnico, se podría decir que eran musulmanes europeos, gobernado principalmente por la dinastía osmanlí (también llamada Casa de Osmán) desde su instauración en el año 1299 hasta 1922, más de seis siglos, cuyo desarrollo y crecimiento marcaría la entrada en la Edad Moderna.

Origen del Imperio Otomano

Para encontrar los comienzos de este vasto Imperio debemos ir a una zona del Asia Central conocida como el Turquestán, una región que abarca distintos países de lo que hoy es Oriente Medio como Afganistán, Kazajistán, etc. En esta región habitaba una serie de tribus que adoptaron el Islam Suní como religión y que migrarían escalonadamente hacia el oeste durante el siglo IX.

Por esa época el Imperio Bizantino estaba en guerra contra los musulmanes del Califato Abasí. En este contexto, esas tribus turcas fueron reclutadas por los abasíes para luchar contra los bizantinos y fueron escalando posiciones en el ejército mientras se desplazaban hacia el oeste. La consecuencia de esto fue la ocupación turca de la Península de Anatolia, lo que hoy es casi toda Turquía, por parte de una poderosa dinastía conocida como los Selyúcidas en el año 1071, creando un vasto sultanato que abarcaba Irak e Irán. Sin embargo, hacia el año 1243, una invasión mongola deshizo dicho sultanato y el Imperio Selyúcida terminó por disgregarse en pequeños territorios autónomos.

Una de esas pequeñas regiones o principados, posiblemente el primer estado Otomano, estaba habitado por unos turcos al mando de Osmán I, "líder de la tribu Kaji y fundador de la dinastía otomana, que más tarde, en el año 1299, estableció y gobernó el Imperio Otomano, que existió hasta poco después de la Primera Guerra Mundial". [38] A partir de ese momento, él y sus descendientes se dieron a la conquista de todos los territorios del Imperio Bizantino, sentando las bases de un Imperio que duraría casi siete siglos.

Expansión y crecimiento del Imperio Otomano

Con Orhán I, hijo de Osmán, se conquistaron las ciudades de

---

[38] Encyclopaedia Britannica: History & Society: Osman I, Ottoman sultan. https://www.britannica.com/biography/Osman-I (consultado 3 noviembre 2023).

Nicea y Bursa en 1331, ciudades de gran importancia cultural para los bizantinos. Con Murad I, segundo hijo de Orhán, el carácter tribal y básico del Imperio, comenzó a ser un Imperio europeo, dotándolo de un ejército permanente y de un aparato burocrático basado en los del Imperio bizantino. Todo esto, junto con sus logros militares en Tracia y los Balcanes, le llevaron a ser uno de los sultanes más importantes del Imperio Otomano.

Los turcos otomanos siguieron avanzando y pusieron en peligro al reino medieval de Hungría. De esta manera, el rey Segismundo de Hungría tuvo que enfrentarse a Beyacid I, hijo de Murad I, en la batalla de Nicópolis en 1396. Tras otras tantas victorias, tomando Belgrado en 1521 y Buda, la capital húngara, en 1541, los otomanos siguieron avanzando hacia Europa.

Con Mehmed I, cuarto hijo del sultán Bayezid I, se restableció el orden interno del Imperio y se centralizó el poder en la conocida dinastía osmanlí, comenzando así una época dorada que acabaría con Macedonia, Tracia, Bulgaria y Grecia bajo el poder de los turcos.

Con Mehmed II, conocido como 'El Conquistador', séptimo sultán de la casa de Osmán, el Imperio Otomano consiguió conquistar en 1453 Constantinopla, la capital del Imperio Bizantino, provocando así la caída final del milenario Imperio Romano de Oriente y renombrando la capital como Estambul. Los descendientes de Mehmed II siguieron ampliando las fronteras del Imperio hacia Egipto, Arabia y el norte de África.

Posteriormente, con Suleymán I, llamado 'El Magnífico', uno de los monarcas más importantes de la Europa del siglo XVI, se alcanzó la máxima extensión además de terminar la conquista de Hungría.

Declive del Imperio Otomano

La decadencia otomana comenzó después de la muerte de Suleymán el Magnífico y el inicio del reinado de Selim II el Borracho, en 1566. Los ataques de los iraníes en las fronteras orientales; los conflictos con los estados católicos europeos (más concretamente la dinastía de los Habsburgo); las innumerables batallas que se dieron en aquel entonces como la famosa batalla naval de Lepanto en 1571 o el gran sitio de Malta y, sobre todo, la llamada 'Gran Guerra Turca' librada desde 1645 hasta 1699 donde se enfrentaron por un lado Polonia, el Sacro Imperio Romano Germánico, Rusia, Venecia, el Imperio Español y por otro lado los otomanos con sus aliados tártaros, los moldavos, los transilvanos. En este conflicto, los otomanos fracasaron en conquistar Viena, lo que supuso una enorme pérdida de recursos además de perder Hungría y Transilvania tras la firma del tratado de Karlowitz en 1699.

El retroceso de las fronteras otomanas no dejó de cesar. En el siglo XIX los otomanos siguieron enfrentando crisis y conflictos de poder internos. En 1876, un grupo político conocido como los 'Jóvenes Turcos' depusieron al sultán e instauraron una monarquía parlamentaria que dio lugar a la Primera Constitución. Hubo, por tanto, muchos movimientos nacionalistas. En los Balcanes se dieron las revueltas de Grecia y Serbia, la isla de Creta se independizó y Mehmet Alí, considerado como el fundador del Egipto moderno, se reveló y logró autonomía para el país.

El sultán Abdul Hamid II trató de reaccionar deteniendo a los dirigentes de los 'Jóvenes Turcos' pero antes que ello fuera posible el sultán fue vencido por un golpe de Estado de los 'Jóvenes Turcos' en julio de 1908, que forzó al sultán a aceptar la Constitución de 1876. A todo esto, las potencias europeas continuaron con sus movimientos militares en las fronteras, consiguiendo los Habsburgo la anexión de Bosnia y Herzegovina mientras que Bulgaria declaró su independencia.

Lo peor, no obstante, estaba por llegar. En la Primera Guerra Mundial, los otomanos se aliaron con los alemanes y la consecuencia fue que, durante la guerra, los otomanos perdieron más de dos tercios de sus soldados y murieron más de tres millones de civiles. Al final de la guerra y con el tratado de Versalles en 1919, los territorios se repartieron entre las potencias vencedoras. En todo este caos y confusión, en 1922 los nacionalistas turcos llegaron al poder y abolieron el sultanato. El Imperio Otomano había llegado a su fin. Posteriormente, tras una guerra de independencia, comenzó en 1923 la República de Turquía presidida por Mustafá Kemal Atatürk.

Santa Sofía de Constantinopla

Construida por el Imperio Bizantino en el siglo VI d.C. Fue una antigua basílica cristiana, posteriormente convertida en iglesia ortodoxa, más tarde en mezquita conquistada por los turcos otomanos bajo las órdenes del sultán Mehmed II, luego en museo y, desde el año 2020, nuevamente en una mezquita de la ciudad de Estambul, Turquía.

Palestina bajo el control Otomano

Antes de avanzar más, en lo que respecta a Palestina, quedó bajo la autoridad otomana poco después de la derrota con los mamelucos -turcos islamizados e instruidos militarmente, que en sus inicios sirvieron como soldados a las órdenes de los distintos califas abasidas- en el norte de Siria en 1516. En la época dorada del dominio turco, Palestina estaba dividida en cuatro distritos administrativos llamados *sanjacks*: Jerusalén, Gaza, Nablús y Safed. Casi toda Palestina formaba parte de Damasco, una provincia más amplia y extensa.

Sin embargo, pronto Safed se convirtió en el centro principal para los judíos y, a mediados del siglo XVI, ya vivían en la ciudad y los pueblos colindantes cerca de 10.000 judíos. Muchos de ellos judíos sefardíes, los judíos que vivieron en la Península Ibérica hasta su expulsión por los Reyes Católicos en 1492, su posterior expulsión de Portugal en 1496 y del Reino de Navarra en 1497. Durante el siglo XIX, el término *Sefardí* se empleaba además para designar a todo judío que no era de origen asquenazí (judíos de origen alemán, centroeuropeo o ruso). Sefardí proviene de Sefarad, término bíblico (Abdías 1:20) con el que las fuentes hebreas denominan a la Península Ibérica.

Uno de los mayores problemas para los habitantes de Palestina era la falta de seguridad que había en la zona, conforme el gobierno otomano iba perdiendo poco a poco el control de las zonas rurales, junto a la implantación de impuestos muy elevados y la forma tan violenta de cobrarlos. En este aspecto, las minorías tanto judías como cristianas eran especialmente débiles y vulnerables. Por otro lado, las disputas sobre los santos lugares en Jerusalén y Belén comenzaron a convertirse en una parte del tema de las relaciones internacionales, y diversos países europeos intentaron ganar concesiones en tratados con el gobierno otomano.

A mediados del siglo XVIII, Zahir al-Omar, un gobernante árabe autónomo del norte de Palestina, llegó a controlar Galilea, Tiberíades, Nazaret, Deir Hanna y fortificó Acre, en 1746. Después de su muerte, en 1775, el norte del país pasó a ser dominio de Ahmad Pachá al-Jazzar, quien detuvo el asedio de Palestina en 1799 por parte de las tropas de Napoleón.

Ya en 1917, después de la Primera Guerra Mundial, tuvo lugar la disolución del Imperio Turco (el mayor estado islámico) cuando las tropas británicas, francesas e italianas ocuparon Constantinopla. En junio de 1922 la Sociedad de Naciones, mediante la 'Declaración Balfour' de noviembre de 1917, estipuló la administración de Palestina al Reino Unido e Irlanda del Norte por la cual debía asegurar el establecimiento de un hogar nacional judío.

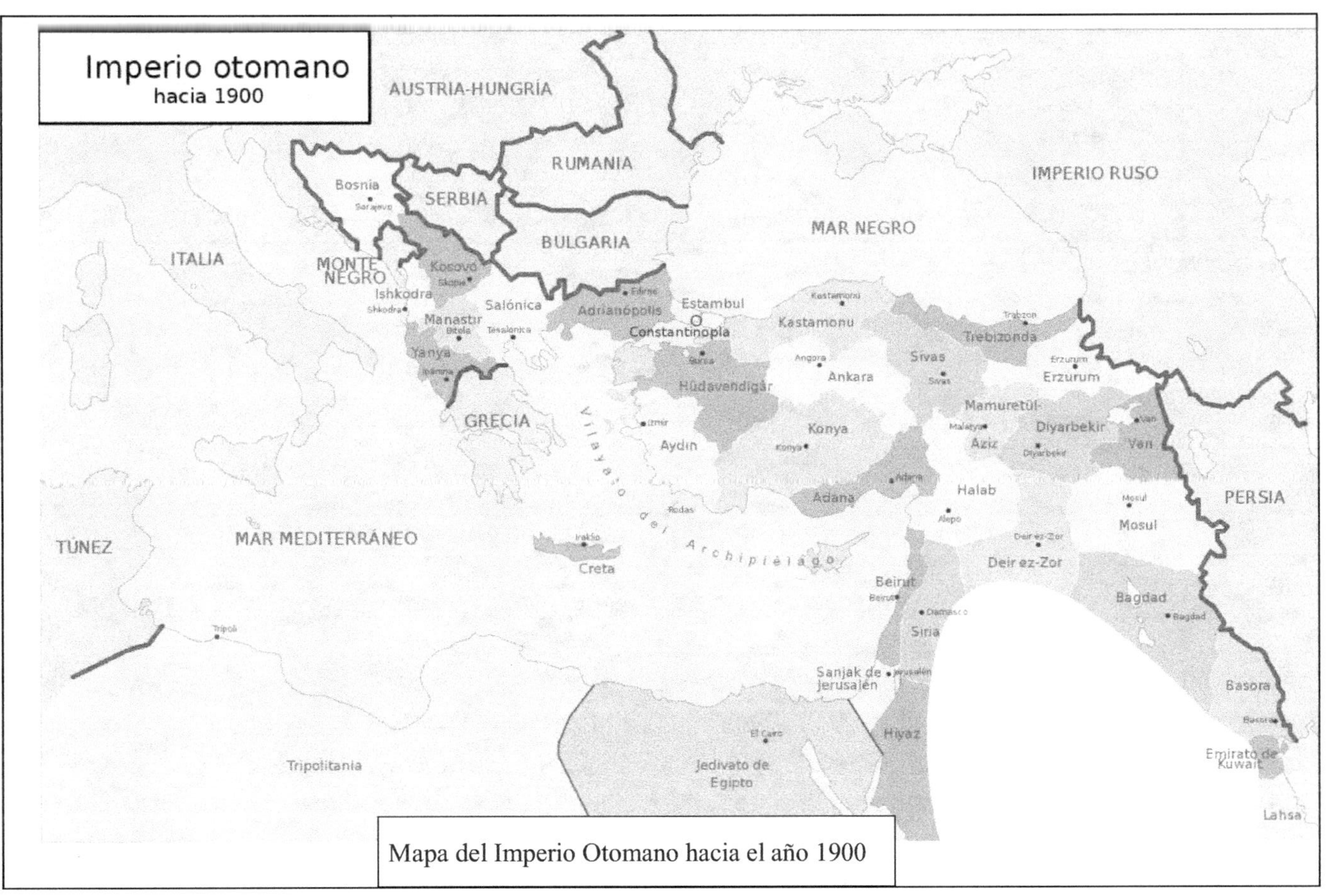

Mapa del Imperio Otomano hacia el año 1900

11

Estado de Israel

Y seré hallado por vosotros, dice Jehová, y haré volver vuestra cautividad, y os reuniré de todas las naciones y de todos los lugares adonde os arrojé, dice Jehová; y os haré volver al lugar de donde os hice llevar (Jeremías 29:14; Cf. Deuteronomio 30:1-5, Pacto Palestino o de la Tierra).

Antes de nada, conviene recordar al lector que el término 'Palestina' se acuñó por Roma (en tiempos de Adriano, 130 d.C.) para eliminar cualquier vestigio judío y no se puede relacionar, como lo solemos hacer erróneamente hoy día, con la nación árabe. Antes de la conquista romana siempre fue la tierra de Canaán, dividida luego en el reino del norte (Israel) y en el reino del sur (Judá). Como ya vimos en los primeros capítulos, el pacto que Dios hizo con Abraham (Pacto Abrahámico), incluía la promesa de esta tierra (Génesis 12:1). Una tierra específica, una propiedad real, con dimensiones determinadas (Génesis 15:18-21). Sin lugar a dudas, Dios no iba a incumplir dicha promesa.

Siglos después de la muerte de Abraham, los hijos de Israel tomaron posesión de la tierra bajo el liderazgo de Josué (Josué

21:43). Sin embargo, en ningún momento de la historia Israel ha controlado toda la tierra que Dios había especificado. Queda, por tanto, un cumplimiento final del Pacto Abrahámico que verá a Israel ocupar en toda su extensión. El cumplimiento será algo más que una cuestión geográfica; será también un tiempo de santidad y restauración como veremos más adelante.

Nacimiento del moderno Israel: una nueva sociedad

Aunque Tierra Santa era considerado un país peligroso para los extranjeros, a partir del reinado de Muhammad Alí de Egipto (1832-1840), la ciudad de Jerusalén se hizo más acogedora y agradable y muchos países occidentales comenzaron a abrir consulados. Muchos misioneros, tanto católicos como protestantes y ortodoxos, iniciaron sus trabajos en la ciudad y Jerusalén se convirtió en un centro de peregrinación para muchos creyentes. Por otra parte, las excavaciones de la Palestine Exploration Fund, marcaron el inicio de la arqueología moderna en Tierra Santa, y sus descubrimientos despertaron mucho interés.

Sin embargo, las raíces del Israel moderno se encuentran tanto en los movimientos nacionalistas de Europa, como en la comunidad de judíos de Jerusalén. El Primer Congreso Sionista tuvo lugar en Basilea en 1897, bajo la presidencia del activista político Theodor Herzl; en 1901 se fundó el Jewish National Fund, con el objetivo de adquirir tierras en Palestina y las primeras *Aliyáh* (emigración), derivaron en la construcción de una nueva sociedad. Un nuevo colectivo y comunidad, liderados por hombres como David Ben-Gurión, quien más tarde sería el primer ministro del nuevo estado, creando una nueva cultura hebrea o Eleazar Ben Yehudá, quien fomentó el hebreo como lengua de este nuevo estado, facilitaron la integración de los emigrantes en dicha sociedad.

La Declaración Balfour del 2 de noviembre de 1917, de la que a continuación hablaremos, amparaba el apoyo del gobierno británico al establecimiento en Palestina de un hogar nacional para el pueblo judío. Cuando Allenby, el general británico, entró en Jerusalén un mes después, pudo observar que las bases de esta nueva sociedad ya estaban en marcha. Se había fundado la nueva ciudad de Tel Aviv; se estaba construyendo el puerto de Haifa y se habían iniciados asentamientos agrícolas. Con el mandato británico, también se fundaron nuevas instituciones como la Histadrut (una central sindical), un sistema bancario, un sistema de educación laica y la Universidad Hebrea de Jerusalén.

El 14 de mayo de 1948, tan pronto como finalizó el poder británico, el gobierno judío proclamó la fundación del Estado de Israel, un hecho que provocó una reacción violenta por parte del mundo árabe. Veamos todo esto con más detalle.

David Ben-Gurión (primer ministro de Israel) lee la Declaración de la Independencia de Israel, el 14 de mayo de 1948, en Tel Aviv, Israel, bajo el retrato de Theodor Herzl, fundador del moderno sionismo.

El catalizador: el Imperio británico y la Declaración Balfour

Como casi todos los problemas de Oriente Medio, la religión se encuentra detrás de todo. Como ya sabemos, por un lado, tenemos el estado de Israel de religión judía y por otro el estado de Palestina, que solo está reconocido por unos pocos países y la gran mayoría de la población es musulmana suní. El asunto es que, tanto israelíes como palestinos reclaman su derecho histórico, a habitar las tierras de lo que hoy en día es Israel. Los israelitas dicen que son descendientes del antiguo pueblo hebreo y que Israel es su tierra prometida (Éxodo 33:1; Deuteronomio 11:8) mientras que los palestinos se consideran descendientes de los filisteos, otro pueblo milenario (hoy podríamos verlos como los palestinos de Gaza). Recordemos que ya nos referimos a ellos en el capítulo 2 de esta obra como los 'Peleset', un pueblo guerrero y agresivo que ocuparon una parte del suroeste de Palestina entre el mar Mediterráneo y el río Jordán. Los filisteos son registrados por primera vez en la Biblia en la tabla de las naciones, una lista de patriarcas fundadores de setenta naciones descendientes de Noé (Génesis 10:14). Se piensa que los filisteos se originaron en Caftor, el nombre hebreo de la isla de Creta y toda la región del Egeo (Amós 9:7). Por razones desconocidas, emigraron desde esa región hasta la costa Mediterránea, cerca de Gaza. Debido a su historia marítima, los filisteos generalmente se asocian con los llamados 'Pueblos del Mar' al que ya hicimos referencia en los primeros capítulos de esta obra. La Biblia registra que los filisteos tuvieron contacto tanto con Abraham como con Isaac ya en el año 2000 a.C. (Génesis 21:32, 34; 26:1, 8). En la época de Josué, el territorio de Filistea estaba dividido en cinco ciudades-estado: Gaza, Asdod, Ascalón, Gat y Ecrón; regiones que Josué aun debía de conquistar (Josué 13:1-3).

Inscripción de Ecrón
Es el texto filisteo más extenso hallado, data del siglo VII a.C., identificando Ecrón como ciudad filistea en la Biblia (Josué 13:3 y 1 Samuel 6:17).

La antigua y eterna pregunta es, por tanto: ¿Cómo llegaron dos países o pueblos, a estar igual de convencidos de que esta tierra les pertenece? El conflicto árabe-israelí moderno comenzó con los británicos. Durante la Primera Guerra Mundial los aliados alemanes abrieron un nuevo frente de guerra en expansión en Oriente. Los británicos necesitaban ayuda. Así que, el militar y arqueólogo británico Thomas Edward Lawrence -más conocido como Lawrence de Arabia- junto con Sir Henry MacMahon, alto comisionado británico en Egipto, llegaron a un acuerdo: a cambio de tropas, Gran Bretaña ofrecería apoyo a la independencia pan-árabe (ideología política, según la cual, propone que todos los pueblos árabes conformen una única nación). Más tarde, con los árabes en su bando, Gran Bretaña buscó más aliados. Muchos políticos creían en el poder de los judíos a nivel mundial, pero también lo creían los alemanes que rivalizaban por el apoyo judío. Había, por tanto, una presión para con los políticos británicos que terminaron por materializar un atractivo estímulo: el retorno de los judíos a su tierra bíblica. Pero esta patria bíblica formaba parte del mismo territorio determinado para la independencia árabe. De esta manera, había surgido el catalizador o impulsor del conflicto árabe-israelí actual. Esta propuesta contó con el apoyo de los ministros del Reino Unido, Winston Churchill, David Lloyd George y Arthur J. Balfour, fervientes entusiastas con la idea de hacer realidad la profecía bíblica.

Como consecuencia de la Declaración Balfour, anteriormente citada, el 2 de noviembre de 1917, el gobierno británico anunció su apoyo durante la Primera Guerra Mundial, al establecimiento de un 'hogar nacional' para el pueblo judío en la región de Palestina, que en ese entonces formaba parte del Imperio Otomano. La Declaración fue firmada por el ministro de Relaciones Exteriores británico Arthur James Balfour y dirigida al barón Lionel Walter Rothschild, un líder de la comunidad judía en Gran Bretaña, para su transmisión a la Federación Sionista de Gran Bretaña e Irlanda. A raíz de dicha proclamación, muchos inmigrantes judíos comenzaron a entrar en Palestina a partir de 1920. Sin embargo, el principal problema de la Declaración Balfour, es que no tuvo en cuenta a la población de Palestina que ya residía allí, negándole la oportunidad de autogobernarse de manera independiente.

Al principio, sus convecinos árabes no se preocuparon mucho pero pronto comenzaron a temer y a sospechar, además de sentir que estaban siendo excluidos y marginados en su propia región. La tensión y el nerviosismo empezaron a apoderarse de ambas partes, comenzando así algunos conflictos y disturbios. Ante esto, la 'Comisión Peel', un comité de investigación, recomendó una solución salomónica, la división del territorio: una zona árabe y otra judía. Sin embargo, los árabes se opusieron a la partición de forma unánime, ya que "se opusieron a todo el principio de concesión de territorio a los judíos y exigieron que el Reino Unido mantuviera su vieja promesa de un Estado árabe independiente, [y que] la propia presencia de los derechos que los judíos disfrutan era una traición a la palabra británica".[39] Ésta negativa llevó a la 'Gran Revuelta Árabe' impulsada por Amin al-Husayni entre 1936 y 1939, en la que se iniciaron acciones terroristas por ambas partes. Estos hechos llevaron al Reino Unido a imponer limitaciones a los asentamientos judíos en la región.

A partir de la Segunda Guerra Mundial, sobre todo como consecuencia del Holocausto, el genocidio en el cual fueron asesinados más de seis millones de judíos por el gobierno nazi de Adolf Hitler, los refugiados judíos comenzaron a llegar en masa a Tierra Santa. Se inició así el movimiento político conocido como 'Sionismo' (un popular concepto de: un Pueblo igual a un Estado) con el objetivo de impulsar la migración judía a la Tierra Prometida, ya que no solo se trataba de un grupo religioso, también nacional y, como tal, tenía derecho a crear su propio Estado en su territorio histórico conocido como Sion, una de las colinas donde se eleva la ciudad de Jerusalén. Las luchas entre judíos y árabes se intensificaron de tal manera -como el atentado al Hotel Rey David en 1946- que los británicos, incapaces de sostener ya la situación, terminaron por renunciar a su administración.

---

[39] Boletín de noticias internacionales. Policía Británica en Palestina 1937-38. http://www.jstor.org/stable/25642368?seq=1#page_scan_tab_contents (consultado 7 noviembre 2023).

Mapa de la región, en la que se muestra la ubicación del territorio de los filisteos y de las ciudades de Gaza, Asdod y Ascalón sobre el 830 a.C.

Aliyáh a Tierra de Israel

Los judíos comenzaron a volver a lo que entonces era Palestina por tres motivos principalmente: los judíos nunca han dejado de recordar y meditar en su vuelta a Jerusalén (Salmos 137:5-6); pequeñas comunidades de judíos llevaban siglos habitando la zona y, por otra parte, la simpatía de los terratenientes turcos -los otomanos- que aprovecharon el tirón y el capital judío para levantar una zona que, en principio, no ofrecía muchas posibilidades.

Por tanto, entre 1882 y 1903 se produjo la primera migración masiva de judíos a Palestina, antiguo reino de Israel, principalmente desde Rusia, Polonia y Rumanía. Esta migración estuvo compuesta por, al menos, 35.000 judíos y conocida como la primera *Aliyáh*. "Para 1895, la población en Palestina es de unos 500.000 habitantes, de los cuales, 47.000 eran judíos". [40] La segunda *Aliyáh* comenzó en 1904, en el momento que una ola de anti-semitismo empezó a recorrer Europa. La popularidad del Sionismo siguió creciendo y muchos más judíos llegaron a Palestina.

En la Primera Guerra Mundial, en plena caída del Imperio Otomano, el Reino Unido tomó el control de Palestina y con el beneplácito inglés la migración judía a Palestina continuó creciendo enormemente, debido fundamentalmente al anti-semitismo europeo y el auge del fascismo. Los judíos pasaron a representar el 28% de la población en Palestina en 1936. Hasta cinco olas migratorias de este tipo hubo antes de la Segunda Guerra Mundial. Las tensiones entre árabes e israelíes siguieron creciendo más y más.

El Estado de Israel y la guerra árabe-israelí de 1948

La ONU intentó mediar en la contienda entre las dos partes afectadas presentando de nuevo una justa solución: la creación de dos Estados independientes, uno árabe y otro judío. La votación para la partición de Palestina se realizó el 29 de noviembre de 1947 con el siguiente resultado: "Por treinta y tres votos contra trece y diez abstenciones, la Asamblea General de las Naciones Unidas ha votado la partición de Palestina". [41] Con esta resolución el 14 de mayo de 1948, David Ben-Gurión como Primer Ministro, proclamó el Estado de Israel. Ese mismo día los ingleses abandonaron Palestina, pero los árabes se levantaron en pie de guerra. Tan solo un día más tarde, el 15 de mayo, tropas egipcias, iraquíes, libanesas, sirias y transjordanas declararon la guerra al

---

[40] Naciones Unidas. La cuestión de Palestina. https://www.un.org/unispal/es/history/ (consultado 9 noviembre 2023).

[41] Dominique Lapierre y Larry Collins, *Oh, Jerusalén* (Barcelona, España: Plaza & Janés S.A. Editores, 1982), p 19.

joven Estado israelí que dio lugar a la Guerra árabe-israelí de 1948. Al finalizar la contienda en 1949 los árabes no solo perdieron la guerra, sino que Israel expandió su territorio en casi 6000 kilómetros cuadrados (un 23% más). En esta época, con el término árabe *Nakba* -que significa 'desastre' o 'catástrofe'- se designó a "la expulsión y huida de 700.000 palestinos, a la despoblación y destrucción de más de 500 pueblos palestinos por las fuerzas armadas israelíes".[42] Para muchos judíos la profecía de Ezequiel comenzaba a cumplirse:

> Y yo os tomaré de las naciones, y os recogeré de todas las tierras, y os traeré a vuestro país. Esparciré sobre vosotros agua limpia, y seréis limpiados de todas vuestras inmundicias; y de todos vuestros ídolos os limpiaré. Os daré corazón nuevo, y pondré espíritu nuevo dentro de vosotros; y quitaré de vuestra carne el corazón de piedra, y os daré un corazón de carne. Y pondré dentro de vosotros mi Espíritu, y haré que andéis en mis estatutos, y guardéis mis preceptos, y los pongáis por obra. Habitaréis en la tierra que di a vuestros padres, y vosotros me seréis por pueblo, y yo seré a vosotros por Dios (Ezequiel 36:24-28).

La victoria israelí agravó aun más, si cabe, el rencor y el odio de los países árabes hacia los hebreos y estaban hambrientos de venganza. En julio de 1956 el líder egipcio Gamal Abdel Nasser, gran adversario de Israel, nacionalizó el Canal de Suez bloqueando el estrecho de Tirán y el acceso a Eilat, principal puerto mercantil israelí en el golfo de Aqaba, con la intención de incomunicar e impedir sus operaciones mercantiles. Los árabes vieron aquí una gran oportunidad para ajustar cuentas con Israel de forma que Egipto, Siria y Jordania se aliaron para asfixiar más rápidamente a los israelitas (Guerra del Sinaí). Sin embargo, el Reino Unido y Francia pactaron con Israel y tomaron gran parte de la península del Sinaí y de la Franja de Gaza. De nuevo, la coalición árabe resultó derrotada e Israel consiguió asegurar su libre comercio y ser valorada como potencia militar.

---

[42] Jerome Slater, *Mythologies without end: the US, Israel, and the Arab-Israeli conflict, 1917-2020* (Oxford University Press, 2021), sp.

La guerra de los Seis Días en 1967

Sin dudas, Israel se había granjeado un nuevo enemigo y la crisis con Egipto seguía latente. El intento de un nuevo bloqueo egipcio del estrecho de Tirán provocó la llamada 'Guerra de los Seis Días'. Tras fundadas sospechas de un inminente ataque árabe, esta vez fue Israel quien tomó la iniciativa mediante un asalto preventivo a la coalición árabe formada ahora por Jordania, Líbano, Irak y Siria entre el 5 y el 10 de junio de 1967. En tan solo seis días Israel logró sumar a sus territorios la península del Sinaí, la Franja de Gaza, Cisjordania (la antigua Judea y Samaria), Jerusalén Este y los Altos del Golán.

Este último hecho produjo un éxtasis en la población de Israel al permitirles el acceso al Muro de las Lamentaciones (había estado prohibida su entrada a los judíos todo el tiempo que estuvo bajo gobierno jordano), el lugar donde estuvo el templo de Salomón. Jerusalén volvía a estar en manos de los descendientes del rey David desde que en el año 70 d.C. el general Tito la destruyera.[43]

La 'Resolución de Jartum', firmada por los líderes de varios países árabes en septiembre de 1967, dejaba muy claro como iba a ser su relación para con Israel. "En ella decidieron los famosos 'tres noes a Israel': no a la paz con Israel, no al reconocimiento del Estado de Israel, no a las negociaciones con Israel".[44]

La guerra de Yom Kipur en 1973

Años más tarde, en 1973, un nuevo conflicto bélico se alzó sobre el pueblo de la Estrella de David. Egipto y Siria, junto con otros aliados como Irak, Jordania, Arabia Saudí, Libia, Sudán y Argelia, eligieron el día más solemne del año para los judíos -el día de Yom Kipur, el día del perdón y el arrepentimiento- para atacar por sorpresa a Israel con la intención de recuperar la península del Sinaí y los Altos del Golán. El presidente egipcio, Anwar el-Sadat, estaba dispuesto a sacrificar a su ejército si hiciera falta; incluso el

---

[43] Virgilio Zaballos, *El Enigma Israel* (Alicante, España: Ediciones Logos, 2011), p 126.

[44] Carmen López Alonso, *Hamás: La marcha hacia el poder* (Madrid, España: Los libros de la catarata, 2007), 49.

presidente estadounidense Richard Nixon y Leonid Brezhnev por la parte soviética advirtieron a Israel para que devolviera los territorios anexados y se olvidaran de la guerra, pero Israel declinó la oferta ya que esa idea hacía estéril tanta sangre hebrea derramada. La Primera Ministra de Israel, Golda Meir, tomó la sabia -y polémica- decisión de no atacar primero pues sabía perfectamente que, si lo hacía, no obtendría la ayuda de nadie por provocar el conflicto. Tras intensos combates se acordó un alto el fuego entre Israel y Egipto y tras varias negociaciones el ejército israelí salió de la zona occidental del canal de Suez y se creó una línea de separación de 11 kilómetros donde las Naciones Unidas extendieron sus posiciones.

Este conflicto, conocido como la 'Guerra de Yom Kipur', logró acercar un poco a Egipto al mundo occidental y dio paso a los acuerdos de paz en Camp David firmados por el presidente egipcio Anwar el-Sadat y el primer ministro israelí Menachem Begin el 17 de septiembre de 1978 con la mediación del presidente de los Estados Unidos, Jimmy Carter. Y más tarde a los acuerdos de Oslo en 1993 teniendo como representantes a Isaac Rabin, Bill Clinton y Yasser Arafat. En el primero, sustancialmente, Israel aceptaba abandonar la zona del Sinaí por completo y Egipto reconocía la existencia del Estado de Israel, y en el segundo se negociaron las bases fundamentales para la seguridad y las fronteras de los respectivos países creándose la Autoridad Nacional Palestina.

Diferentes acuerdos y discrepancias

Todos estos conflictos y enfrentamientos, con raíces en los albores del Génesis bíblico, parecen estar lejos de terminar. El atentado terrorista ocurrido durante los Juegos Olímpicos de 1972 en Múnich (Alemania) donde el grupo terrorista 'Septiembre Negro', un sector de la Organización para la Liberación de Palestina (OLP) con el líder nacionalista palestino Yasser Arafat al frente, que terminó con el asesinato de once miembros del equipo olímpico israelí; los asentamientos israelíes construidos en Cisjordania, Jerusalén Este y los Altos del Golán a partir de 1967 que han sido condenados por la ONU solicitando su desmantelamiento; las llamadas 'Intifadas', cada cual más sangrienta, tristemente conocidas por las escaramuzas entre palestinos y soldados israelíes y por la inoportuna visita del líder de la oposición israelí, Ariel Sharón, a la Cúpula de la Roca y la Mezquita de Al-Aqsa en septiembre de 2000, en pleno debate sobre el futuro de Jerusalén; el 'status' o 'Ley de Jerusalén' que Israel proclamó en 1980, en la cual Israel siempre ha contemplado a Jerusalén como capital religiosa y civil del pueblo judío, sin posibilidad de división alguna; el muro construido por Israel en la frontera con Cisjordania; los atentados perpetrados por la red yihadista Al-Qaeda el 11 de septiembre de 2001, destruyendo las torres gemelas del complejo World Trade Center en Nueva York; las 'Masacres de Gaza' de 2008 y 2009 dirigidas por Israel contra la organización 'Hamas', un movimiento de resistencia islámico relacionado también con el yihadismo; las manifestaciones árabes a favor de la democracia y los derechos sociales (Primavera árabe) de 2010 y 2013; los enfrentamientos en los Altos del Golán entre Israel y Siria que comenzaron en 2012 y continúan en nuestros días; el atentado contra la revista francesa 'Charlie Hebdo' en París el 7 de enero de 2015 debido a la publicación de unas caricaturas de Mahoma y otros muchos crímenes, asaltos y homicidios llevados a cabo a partir de 2014 por el autoproclamado Estado Islámico, un grupo terrorista fundamentalista yihadista (también conocido como ISIS [Islamic State of Iraq and Syria] o DAESH ['al-Dawla al-Islamiya al-Iraq al-Sham']) no son desde luego buenos síntomas que nos hagan sospechar el alcance de un cierto equilibrio en la zona.

La muerte del líder nacionalista palestino Yasser Arafat en 2004 supuso el ascenso de 'Hamas' dentro de la comunidad Palestina radicalizando aun más el conflicto. Dicha organización política y paramilitar palestina, se hizo fuerte en la Franja de Gaza en la que Israel construyó un muro para aislarla económicamente e impedir que 'Hamas' se hiciera con más armas. Sin embargo, este bloqueo ha causado un desastre humanitario en la zona. Los ataques israelíes a la Franja de Gaza son constantes y desde la Franja se lanzan continuamente cohetes a las posiciones israelíes. Los israelíes siguen colonizando el territorio palestino y haciendo su vida imposible con el objetivo de hacerse con más suelo palestino. Por su parte, los palestinos, cada vez más radicalizados, llevan a cabo acciones desesperadas para luchar contra el Estado de Israel. Además, Israel, tiene más enemigos externos. El proyecto de Siria e Irán es destruir Israel, continuando con sus programas nucleares. Tras el fracaso de los acuerdos de Oslo en 1993, se firmaron en 2020 los llamados 'Acuerdos de Abraham' por parte de Israel, Emiratos Árabes Unidos, Baréin, Sudán y Marruecos con el fin de normalizar y regularizar las relaciones diplomáticas y comerciales -con la mediación de Estados Unidos- pero dicha alianza excluía a Palestina.

A través de estos acuerdos, los países firmantes reconocían a Israel como un Estado, así como el derecho de Israel a ejercer la soberanía sobre ese territorio. Sin embargo, y con toda la razón, muchos expertos calificaron dicho pacto como 'envenenado' pues se intentaba conseguir la paz excluyendo a uno de los representantes directamente implicados en el conflicto. Sin dudas, la zona es todo un polvorín. Un conflicto que parece no tener fin y lejos de una reconciliación.

Conflicto entre Israel y Hamas en 2023

Prácticamente escribiendo estas líneas, el pasado sábado 7 de octubre -en plena celebración de Yom Kipur como ocurrió en 1973- comandos del Movimiento de Resistencia Islámica, 'Hamas', cruzaron las vallas que separan la Franja de Gaza e Israel e iniciaron un ataque con extrema violencia sin distinguir entre civiles y militares. El ataque a Israel, durísimo y por sorpresa, permitió a 'Hamas' tomar prisioneros que fueron conducidos a Gaza. Además, los milicianos de 'Hamás' fueron capaces de tomar posiciones durante tres días en las poblaciones israelíes colindantes con Gaza. Todavía muchos se preguntan cómo los servicios de inteligencia israelí, tan seguros y eficientes, no anticiparon el ataque.

Ante esto, las respuestas internacionales no se hicieron esperar. EE.UU. envió portaviones y grupos de combate a la zona; la Unión Europea condenó el ataque de 'Hamas' defendiendo el derecho a defenderse de Israel, siempre y cuando respete el Derecho Internacional y reprimiendo, en muchos casos, las protestas en apoyo a Palestina. Por otra parte, los países árabes suníes han llamado a la calma y la paz a Israel, sin éxito alguno; Jordania y Egipto anunciaron su envío de ayuda humanitaria a Gaza; Catar, sin embargo, ha evitado condenar el ataque de 'Hamas', mientras que Irán, directamente, lo ha celebrado; también 'Hezbolá', una organización musulmana chií libanesa, ha elogiado el ataque de 'Hamas' a Israel y ha amenazado con abrir otro frente en el conflicto, obligando a Israel a trasladar parte de sus tropas al norte para defender al país de posibles ataques de 'Hezbolá'.

Ante este escenario, Israel emprendió un asedio completo a Gaza, cortando suministros y víveres, junto con una campaña de bombardeos tremendamente agresiva en la que ya han muerto algunos líderes de 'Hamas'. El problema es que, "la Franja de Gaza es una de las zonas más densamente pobladas del mundo, con más de 5.000 habitantes por kilometro cuadrado". [45] Muchos bombardeos, por tanto, están causando la muerte de civiles inocentes. Debido a esto, tanto Egipto como Israel han propuesto la creación de corredores humanitarios, pero hay dos problemas: por un lado, ni Israel ni Egipto quieren acoger a dos millones de refugiados y por otra parte, 'Hamás' no permitiría nunca que toda esta población civil se marchara, ya que están sacando un beneficio político de las muertes de civiles pues las imágenes están dando la vuelta al mundo y son la carta de presentación perfecta para que la comunidad internacional, especialmente los países árabes, se pongan en contra de Israel. Además, a 'Hamas' no le interesa evacuar Gaza porque teme que, si los palestinos abandonan el país, posiblemente nunca regresen y pierdan el territorio para siempre.

El deseo de Israel de tomar Gaza le resultará una tarea ardua y complicada. Gaza está repleta de túneles y posiciones de defensa subterránea. Además, 'Hamas' cuenta con apoyo popular en la zona. Sin dudas, el coste humano y económico será enorme. Al menos, ya se ha anunciado un principio de acuerdo entre Egipto y un grupo de naciones lideradas por EE.UU. en el cual se permitirá salir, de momento, a los extranjeros que se encuentren en Gaza a través del paso de Rafah a cambio de medicamentos y otros abastecimientos a Gaza.

A día de hoy, el mundo se encuentra expectante ante la ofensiva

---

[45] Mapa ¿Cómo es la Franja de Gaza? Así es uno de los lugares más densamente poblados del mundo https://www.europapress.es/internacional/noticia-mapa-franja-gaza-asi-lugares-mas-densamente-poblados-mundo-2023101173413.html (consultado 10 noviembre 2023).

de Israel sobre la Franja de Gaza. Uno de los acontecimientos más relevantes y sangrientos de lo que llevamos de siglo y no solamente por su circunstancia y contexto histórico, sino también por su relación y profecías escatológicas bíblicas.

El Monte del Templo o Explanadas de las Mezquitas

El 'Monte del Templo' -o las 'Explanadas de las Mezquitas', dependiendo de quien las mencione (la parte judía o la árabe, respectivamente)- es el lugar más sagrado para el judaísmo puesto que lo identifica con el Monte Moriáh, según la Biblia es el monte donde Abraham subió con su primogénito Isaac para sacrificarlo a Dios (Génesis 22) y el lugar elegido por el rey David para construir un templo a Dios, que fue terminado por su hijo Salomón (1 Reyes 6). Dicho templo fue destruido por los babilonios (Nabucodonosor II) en el año 586 a.C., modestamente reconstruido por Zorobabel, un líder de los judíos exiliados que volvieron de Babilonia, sobre el 515 a.C. (Hageo 2:1-9), renovado ampliamente por Herodes el Grande en el año 20 a.C. y destruido de nuevo por las tropas romanas a manos del general Tito en el año 70 d.C., quedando en pie solamente el muro occidental conocido hoy como 'Muro de las Lamentaciones', lugar de incesantes oraciones y plegarias que incluyen, entre otras, la reconstrucción de un tercer templo (profetizado en el libro de Ezequiel, capítulos 40-47) y la reanudación de los sacrificios de animales.

También hemos visto que, para el Islam, la Explanada de las Mezquitas constituye su tercer lugar sagrado después de la Meca y Medina. Allí mismo, se alzan también dos de los templos más importantes para los musulmanes: la Mezquita de Al-Aqsa, de cúpula plateada y el Domo de la Roca de cúpula dorada, construidas ambas en el siglo VII. En el interior de este último templo existe una piedra donde, según el Corán y la tradición islámica, Abraham decidió sacrificar a su hijo Ismael (no Isaac). Por tanto, la polémica y la disputa de este lugar santo esta servida.

Sin dudas, la arquitectura herodiana, los accesos, los baños rituales y las casas subterráneas de los sacerdotes, entre otros hallazgos arqueológicos, demuestran más que de sobra que antes de la Cúpula de la Roca y de la Mezquita de Al-Aqsa, hubo soberanía judía sobre el lugar y un templo judío. Para la arqueóloga Kathlyn Kenyon, Jerusalén fue un asentamiento formado por un pueblo semítico occidental sobre el siglo XXVI a.C., incluso el representante de la Autoridad Nacional Palestina en la ciudad hasta 2002, el filósofo y profesor Sari Nuseibeh, declaró en 2001 que habría que estar ciego para negar la conexión judía con Jerusalén. La unanimidad y la aprobación entre historiadores, filósofos y arqueólogos es total. Sin embargo, el problema es aún más profundo, pues no es solo cuestión de historia o arqueología. Ligado a la religión, el problema es más bien de poder y política. Desde el punto de vista occidental, las 15 hectáreas de la discordia y que componen el complejo deberían de ser compartidas garantizando la inviolabilidad de los Santos Lugares con libertad de culto, pero sin el permiso de construir o habilitar un lugar de culto. Es obvio que, hasta el día de hoy al menos, no hay voluntad para entenderse y para compartir. Algunos pactos y concesiones podrían ser posibles, pero con Jerusalén -la simbólica capital- no se negocia.

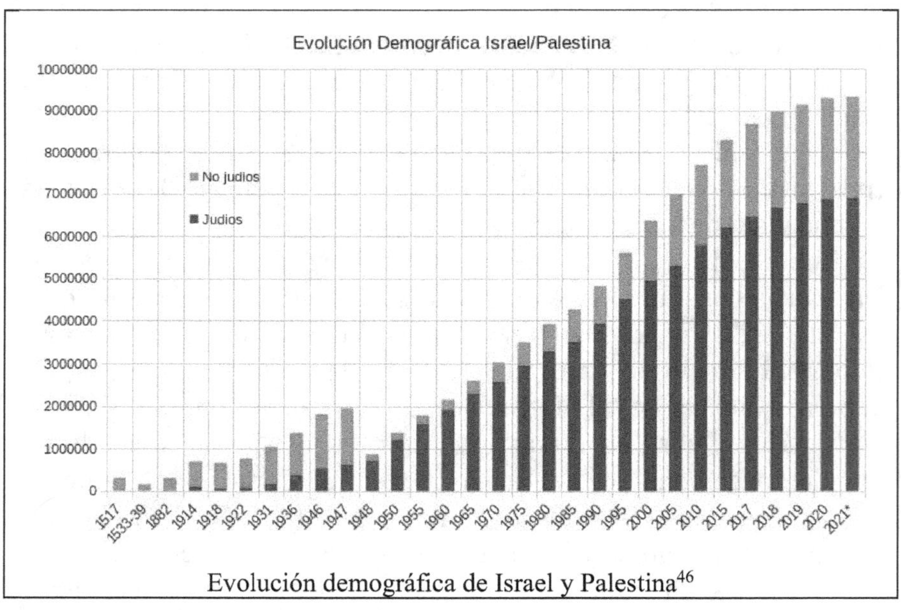

Evolución demográfica de Israel y Palestina[46]

[46] Jewish & Non-Jewish Population of Israel/Palestine (1517-2021). https://www.jewishvirtuallibrary.org/jewish-and-non-jewish-population-of-israel-palestine-1517-present (consultado 14 noviembre 2023)

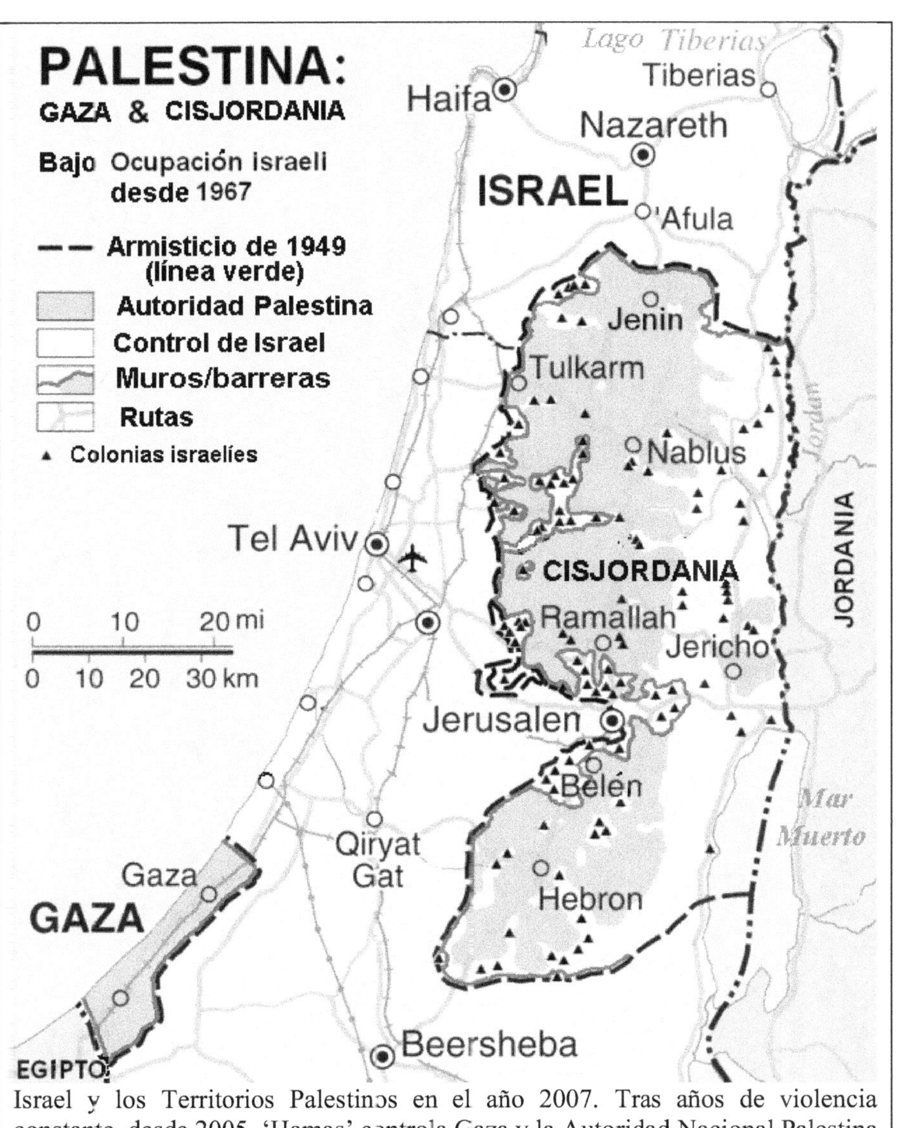

Israel y los Territorios Palestinos en el año 2007. Tras años de violencia constante, desde 2005, 'Hamas' controla Gaza y la Autoridad Nacional Palestina de Cisjordania (ANP). A día de hoy, todavía continúan estableciéndose asentamientos judíos -ilegales- en Cisjordania.

Un reino eterno

Y ahora, concebirás en tu vientre, y darás a luz un hijo, y llamarás su nombre JESÚS. Este será grande, y será llamado Hijo del Altísimo; y el Señor Dios le dará el trono de David su padre, y reinará sobre la casa de Jacob para siempre, y su reino no tendrá fin (Lucas 1:31-33; Cf. Isaías 9:6-7).

Y yo Juan vi la santa ciudad, la nueva Jerusalén, descender del cielo, de Dios, dispuesta como una esposa ataviada para su marido (Apocalipsis 21:2; Cf. Ezequiel 48:35, Gálatas 4:26).

A partir del siglo XV y XVI, el 'Renacimiento' determinó una nueva concepción del mundo a través de la renovación de las artes, la filosofía y la ciencia. El 'Humanismo', comenzó a considerar la inteligencia humana por encima de la existencia de Dios; la razón antes que la fe. Para el siglo XX, la humanidad ya estaba preparada para dar el salto al 'Post-humanismo', empleando para ello toda la tecnología disponible con el objetivo de romper y superar todas las barreras humanas posibles. De hecho, la robótica y la Inteligencia Artificial, que sin duda puede ser muy beneficiosa para la humanidad, también conlleva saber donde se encuentra el límite entre la ética y la tecnología. Mientras tanto, la humanidad se está enfrentando actualmente a problemas políticos, ecológicos, climatológicos y ambientales, tecnológicos, demográficos y sociales, como nunca antes.

Hemos visto que, desde los tiempos de Abraham hasta el moderno Estado de Israel, muchas de las profecías bíblicas se han cumplido cabalmente -algunas completas y otras, de momento, parcialmente- a través de los diferentes imperios que han intentado conquistar la Ciudad Santa de Jerusalén, confirmadas y evidenciadas tanto por la historia, como por la arqueología o la paleografía. Por simple coherencia, si dichas profecías se han cumplido fielmente hasta ahora, no podemos dudar del cumplimiento de las profecías futuras.

Por ejemplo, el pacto que Dios hizo con Abraham (el Pacto Abrahámico, Gn 12:1-3), respecto a la tierra y a la descendencia, aunque consumado parcialmente a día de hoy, se cumplirá absolutamente en el milenio del que habla Apocalipsis 20 (Isaías 10:20-22; Ezequiel 36:9-11; Miqueas 7:19-20). Las promesas del Pacto Davídico (2 Samuel 7:16), respecto al rey y a su trono serán cumplidas por el Mesías en la era milenaria (Isaías 11:1-10, 60:3; Jeremías 23:5-6, 33:20-26; Ezequiel 34:23-25, 37:21-28; Daniel 7:14; Oseas 3:5; Miqueas 4:7). Las promesas del Pacto Palestino (Deuteronomio 30:1-5; Jeremías 29:14), respecto a la posesión plena de la tierra, también serán cumplidas a Israel en la era milenaria (Isaías 11:11-12, 65:9; Ezequiel 16:60-63, 36:28; Oseas 1:10). Y, por supuesto, las promesas del Nuevo Pacto (Jeremías 31:31-33; Ezequiel 36:26-28; Mateo 26:26-28; Hebreos 12:24), según las cuales, las naciones creyentes -no solo Israel- tendrán un nuevo corazón y el perdón de los pecados, se cumplirán, de una forma total y absoluta también en la futura era milenaria (Jeremías 32:37-40; Ezequiel 37:24-28; Daniel 9:24; Mateo 26:29; Romanos 11:26-29).

Por tanto, a partir de ahora, sin entrar en detalles escatológicos (para ello existen otras muchas y buenas obras) debemos dirigir nuestra mirada a la bíblica y futura era milenaria que se describe en los últimos capítulos del libro de Apocalipsis. Un futuro periodo de paz y seguridad para la humanidad sin precedentes. Será en esa futura época donde se cumpla todo lo que Dios prometió a la nación de Israel. En otras palabras, dicha era mileraria será instituida necesariamente para poder cumplir esos pactos. Esta vez, la conquista de Israel no será por milicias humanas, sino por huestes divinas (Apocalipsis 19:11-16). Por Jesucristo mismo, en su segunda venida a la tierra.

Breve descripción sobre el libro de Apocalipsis

Muchas personas comienzan leyendo la Biblia por el libro de Apocalipsis, sin embargo, generalmente, esto es un error. Atraídos por tantas visiones, profecías e imágenes simbólicas, lo más probable es que el lector abandone pronto la idea de leer el resto de la Biblia, frustrado al tratar de comprender su significado. Lo mismo le ocurrirá con el libro de Daniel, llamado a ser el Apocalipsis del Antiguo Testamento. Sin lugar a dudas, si el lector no tiene un completo contexto, tanto histórico como profético, del Antiguo y Nuevo Testamento, estos libros -y otros muchos- le dejarán confundidos y desconcertados.

El mismo libro pone título en su primer versículo: Apocalipsis significa procede del término griego *apokálypsis*, que significa "descubrimiento" o "revelación". Fue escrito en la isla de Patmos, en el mar Egeo (Ap 1:9) por el apóstol Juan entre los años 90-96 d.C. (en tiempos del emperador Domiciano, de intensa persecución a la iglesia) y dirigido a una representación de siete iglesias que se encontraban en la provincia romana de Asia Menor (actual Turquía) para darles consuelo y esperanza, además de ofrecerles la garantía de la victoria final de Jesucristo en su segunda venida a la tierra, quien tiene el futuro en sus manos. El libro de Apocalipsis nos muestra, por tanto, como todos los acontecimientos de la historia avanzan hacia el regreso de Cristo a la tierra para establecer su reino. Un reino eterno. Pues, sin dudas, su reino se ha acercado (Mateo 3:2; Marcos 1.15; Lucas 10:11), pero aun no ha sido establecido (2 Timoteo 4:18).

Para comprenderlo mejor, Juan, el autor del libro, nos ofrece una estructura del mismo al registrar las palabras de Jesús: "Escribe las cosas que has visto, y las que son, y las que han de ser después de estas" (Apocalipsis 1:19). Ciertamente, se pueden observar tres divisiones del libro: las cosas que vio Juan en ese momento (capítulo 1); las situaciones y circunstancias que escribió a las siete iglesias de Asia (capítulos 2-3) y las cosas o eventos que ocurrirán más adelante (capítulos 4-22). A modo de esquema, una composición o configuración simple del libro de Apocalipsis podría ser la siguiente:

A. Las cosas que has visto (Ap 1)
1. Introducción (1:1-8).
2. La revelación de Cristo (1:9-20).

B. Las cosas que son (Ap 2-3)
3. Mensajes a las siete iglesias (2:1-3:22).

C. Las cosas que han de ser después de estas (Ap 4-22)
4. Visión de Dios en su trono celestial (4:1-11).
5. Serie de visiones (la gran tribulación):
   - Los siete sellos del juicio (5:1-8:5).
   - Las siete trompetas del juicio (8:6-14:20).
   - Las siete copas del juicio (15:1-16:21).
6. Visiones de la destrucción de los enemigos de Dios (17:1-18:24).
7. La profecía de la segunda venida de Cristo (19:1-21).
8. La profecía del milenio (20:1-15).
9. La profecía de los nuevos cielos, la nueva tierra y la nueva Jerusalén (21:1-22:5).
10. Conclusión (22:6-21).

Aunque Apocalipsis es un libro muy conocido por sus escenas de muerte, terror y destrucción, el fundamento final es de consuelo, ánimo y optimismo para todos los creyentes, pues trata de la victoria final del bien, sobre el mal; de la justicia, sobre la injusticia; de la verdad, sobre la mentira; de la vida, sobre la muerte. Todos estos aspectos, eternos e imperecederos.

Profecías conocidas como 'La Gran tribulación' (un periodo de severos juicios a la humanidad); la venida del anticristo; el arrebatamiento de la iglesia; la segunda venida de Cristo; mil años de justicia en la tierra; un nuevo cielo, una nueva tierra y una nueva ciudad de Jerusalén, son sucesos que aun no han ocurrido, son acontecimientos futuros que afectarán a la humanidad de forma universal. Pero veamos estos temas más de cerca.

La venida del anticristo

En su segunda carta a los tesalonicenses, el apóstol Pablo aclara algunos eventos que precederán a la segunda venida de Cristo. Una señal importante es la aparición futura en la tierra de la persona del anticristo. Pablo se refiere a esta personificación del mal de la siguiente manera: "no vendrá sin que antes venga la apostasía, y se manifieste el hombre de pecado, el hijo de perdición, el cual se opone y se levanta contra todo lo que se llama Dios o es objeto de culto; tanto que se sienta en el templo de Dios como Dios, haciéndose pasar por Dios" (2 Tesalonicenses 2:3-4; Cf. Isaías 14:14; Daniel 9:27; 1 Juan 2:18, Apocalipsis 13).

En otras palabras, Pablo está enseñando que en una época de blasfemia y abandono a Dios se levantará un individuo totalmente ateo, impío e irreligioso; un engañador que se hará pasar por Dios será admirado, aclamado y prosperado (Daniel 11:36-39). Este anticristo ya fue profetizado por Jesús cuando dijo: "Yo he venido en nombre de mi Padre, y no me recibís; si otro viniere en su propio nombre, a ese recibiréis" (Juan 5:43). Es el mismo personaje al que hizo referencia cuando Jesús dijo a sus discípulos: "Cuando veáis en el lugar santo la abominación desoladora de que habló el profeta Daniel (el que lee, entienda), entonces los que estén en Judea, huyan a los montes" (Mateo 24:15-16; Cf. Marcos 13:14; Daniel 9:27, 11:31, 12:11).

Pablo continúa explicando que ese "misterio de la iniquidad" (2 Tesalonicenses 2:7) ya está en marcha, pero que algo está deteniendo esa actividad maligna. Posiblemente, sin querer ser dogmáticos en esto, el poder del Espíritu Santo, es quien está frenando la manifestación del anticristo hasta que la iglesia sea "quitada de en medio" o 'arrebatada'. En ese momento se manifestará el hombre de pecado (2 Tesalonicenses 2:8).

En enero de 2017 el acaudalado empresario norteamericano Donald Trump, una polémica celebridad televisiva y mediática más que política, ganó las elecciones y se alzó como presidente de los EE.UU. Tan solo unos meses más tarde, en noviembre, desató la ira en Oriente Próximo al reconocer a Jerusalén como capital de Israel (hasta ahora ubicada en Tel Aviv), una decisión de enorme carga simbólica y también de índole electoral que obedeció a las demandas de los cristianos evangélicos, asegurándose Trump de esta manera el apoyo de este grupo para seguir gobernando. Para 'Hamas', el grupo radical palestino, la declaración del presidente Trump fue tachada de irresponsable pues enterró un posible proceso de paz, ocasionando así la indignación de 'Hamas', y augurando, por tanto, una nueva 'Intifada'. Sin embargo, para la mayoría de israelíes y judíos de todo el mundo, religiosos o no, la resolución de Donald Trump fue un acto de justicia histórica, pues Jerusalén tiene un lazo milenario con la conciencia colectiva judía que sobrepasa la religión y la fe, como ya hemos visto: Jerusalén es una cuestión nacional (y muchas más cosas).

Por otra parte, la salida del Reino Unido de la Unión Europea como consecuencia del referéndum celebrado el 23 de junio de 2016, supuso la caída de su divisa y de los bonos británicos, y también un aumento de la xenofobia y el racismo sobre todo contra musulmanes, polacos y españoles.

Además, la Organización Mundial de la Salud (OMS) declaró una emergencia de salud pública de importancia internacional el 30 de enero de 2020 hasta el 5 de mayo de 2023, debido a la pandemia de COVID-19, conocida también como pandemia de coronavirus, provocando el colapso de los sistemas hospitalarios y otra grave crisis mundial.

Por otro lado, la guerra ruso-ucraniana que se inició en febrero de 2022 -uno de los mayores ataques militares en suelo europeo desde la Segunda Guerra Mundial- esta generando un gran número de víctimas y ha propiciado la mayor crisis de refugiados en el continente desde la Segunda Guerra Mundial. Según ACNUR, "más de 17 millones de personas en Ucrania necesitan ayuda humanitaria urgentemente".[47] El impacto, tanto humano como ambiental, es terrible.

En nuestra querida España, el país ha pasado recientemente por varias elecciones generales: el 29 de octubre de 2016 resultó elegido presidente el candidato del Partido Popular Mariano Rajoy, que supuso el final del período más largo de inestabilidad en la democracia española (más de 300 días con un gobierno en

---

[47] ACNUR. La agencia de la ONU para los Refugiados. https://www.acnur.org/emergencias/emergencia-en-ucrania (consultado 24 noviembre 2023)

funciones) y el descalabro del Partido Socialista Obrero Español. Para colmo de males, el 10 de octubre de 2017, el 'president' catalán Carles Puigdemont, intentó declarar la independencia de Cataluña para dejarla en suspenso tan solo unos segundos después, mientras el Gobierno central tramitaba el artículo 155 para frenar la DUI (Declaración Unilateral de Independencia). Bajo mociones de censuras, periodos de gobiernos en funciones y pactos con independentistas, este año 2023 fue investido presidente Pedro Sánchez del PSOE. De momento impera la inquietud y la incertidumbre.

Al este del planeta hay que citar, sin quererlo hacer, al líder supremo de Corea del Norte, al dictador Kim Jong-un -que por cierto apoyó al candidato republicano a la presidencia de EE.UU.- famoso ya por sus peligrosos ensayos nucleares, lanzamientos de satélites y proyectiles de corto alcance que no hacen más que burlarse de la ONU y avivar la tensión bélica en la zona.

En su manifiesto comunista, Marx y Engels decían que "un fantasma recorre Europa: el fantasma del comunismo".[48] Sin embargo, esta afirmación se queda hoy muy corta pues el fantasma actual no es el comunismo precisamente, más bien son el populismo y la demagogia -las medidas tomadas por el gobierno para ganar la simpatía de la población, con falsas esperanzas, promesas y manipulaciones- son los vientos que estremecen, no solo Europa, sino todo el mundo. Se puede decir perfectamente que ningún país está hoy a salvo de estas radicales ideologías nacidas para obtener el favor y el apoyo del pueblo. Nuestro escenario político, económico, social, religioso, -sí, el religioso también-, etc., está repleto de ambiciones e intereses sin escrúpulos que con tan solo tocar la fibra emocional son capaces de domesticar a las masas, con consecuencias desastrosas. Por tanto, es cuestión de tiempo que 'alguien' -el anticristo- pueda dar con la tecla o la clave definitiva para movilizar a prácticamente todo el planeta (1 Juan 2:18; Apocalipsis 13:1-8).

---

[48] Friedrich Engels, *Obras escogidas Marx / Engels* (Madrid, España: Ediciones Akal, 2009), p. 19

La gran tribulación

En un escenario mundial de corrupción política, inmoralidad, engaños, escándalos financieros, desánimo e indiferencia general, las Escrituras predicen un tiempo de angustia, aflicción y tormento (Daniel 12:1; Joel 2:2; Sofonías 1:15; Mateo 24:21; 2 Timoteo 3:1-5). De nuevo, sin querer ser concluyentes y sin entrar en detalles escatológicos, podemos decir brevemente que en un futuro habrá un tiempo caracterizado por guerras y muerte, hambres y calamidades, enormes cataclismos, idolatría, paganismo, etc. (Mateo 24:5-12), donde los grandes protagonistas son Satanás y su mano derecha, el anticristo. Esta atmósfera diabólica se describe ampliamente en los capítulos 6 al 18 de Apocalipsis y en Mateo 24:1-28.

Durante ese período de tiempo, la ira de Dios se intensificará cada vez más (son los juicios de los sellos, trompetas y copas revelados en el libro de Apocalipsis) donde Dios finalizará su disciplina con la nación de Israel principalmente (Daniel 9:24) y terminará con la incredulidad y la maldad de los habitantes del mundo. En palabras de Tim LaHaye, otro conocido teólogo:

> La tribulación es uno de los periodos más importantes del trato de Dios con la humanidad y ocupa un lugar muy prominente en su plan profético [...] Se le menciona más de cincuenta veces en el Antiguo Testamento con expresiones tales como 'gran calamidad', 'el día de la ira', 'el día de la ira del Señor', 'el tiempo de angustia para Jacob', 'el día de la venganza de nuestro Dios', 'tiempo de prueba' y 'el día del Señor' [...] En el Nuevo Testamento existen más de una docena de referencias a este periodo, la que más se conoce, y la que le da el nombre oficial, es la declaración de nuestro Señor cuando habla de la 'tribulación' en su discurso en el Monte de los Olivos (Mateo 24:21).[49]

Se podría decir que el principio de este tiempo de tribulación se corresponde con el comienzo de 'la semana 70 de la profecía de Daniel (Daniel 9:20-27)'[50]. Según dicha profecía, la tribulación

---

[49] Tim Lahaye, *Apocalipsis sin velo* (Miami,Florida: Editorial Vida, 2000), p. 155.

[50] Para obtener una información más exaxta y completa sobre este tema, remito de nuevo al lector a mi obra: '*Revelaciones de Daniel: Apocalipsis en el Antiguo Testamento. El Cielo en la Tierra*' (https://www.amazon.es/Revelaciones-Daniel-Apocalipsis-Antiguo-Testamento/dp/1976983924).

será un período de siete años de duración que se iniciará mediante un pacto o tratado de paz con la nación de Israel (Isaías 24:5; Daniel 9:27, Cf. 1 Tesalonicenses 5:3). A la mitad de dicho período de siete años dicho pacto será violado y el anticristo se alzará como soberano y gobernador del mundo, exigiendo adoración como si fuera el mismo Dios (Daniel 9:27; Mateo 24:15-21; 2 Tesalonicenses 2:3-4). La última mitad del período de la tribulación (los últimos tres años y medio) será, sobre todo, un tiempo de gran actividad satánica (Apocalipsis 12:7-17, 13:1-10). Este período de tribulación y sufrimiento terminará cuando Jesucristo vuelva a la tierra en victoria, con gran poder y gloria (Daniel 7:13; Zacarías 14:4; Mateo 24:29-30; Apocalipsis 19:11-16) estableciendo un reino en la tierra que durará mil años (Apocalipsis 20).

El arrebatamiento de la iglesia

Cuando el apóstol Pablo escribió sus dos cartas a la iglesia griega de Tesalónica (Salónica) -provincia romana en tiempos del apóstol- sobre el año 51-52 d.C., lo hizo con la intención de ofrecerles aliento y esperanza ante la persecución tan terrible que estaban experimentando, pero también para corregir ciertos errores en sus enseñanzas (1 Tesalonicenses 4:13-18, 5:1-11). Precisamente, uno de estos fallos trataba sobre la confusión que tenían los tesalonicenses acerca de la futura venida del Señor:

> La gente de la sociedad griega del siglo I vivía, tal como nosotros hoy, en una era de gran permisividad y promiscuidad sexual [...] Las sacerdotisas de los templos paganos solían ser prostitutas [...] Aquellos que practicaban la pureza moral eran considerados fanáticos ridículos. Los nuevos cristianos sentían la enorme presión de seguir la corriente de las prácticas sexuales comunes en aquellos días. [Tal era la desesperanza que] algunos esperaban que Cristo regresara tan pronto que habían dejado de trabajar para mantenerse; simplemente estaban esperando que Él viniera y se los llevara [otros] sentían cierta indiferencia hacia la obra del Espíritu Santo y hacia la verdad de Dios proclamada en las Escrituras. ¿Nos suenan familiares estos problemas?[51]

---

[51] Ray C. Stedman, *Aventurándonos en el conocimiento de la Biblia: Una guía global a la Palabra de Dios* (Curitiba, Brasil: Publicaciones RBC, 2009), p. 671-672.

Los tesalonicenses estaban preocupados, pensaban que si el Señor regresaba en ese momento ellos serían salvos, pero ¿qué les pasaría a sus amigos y familiares que ya habían muerto? Acaso, ¿estaban ya condenados, no había esperanza para ellos? Sin embargo, el apóstol Pablo les consuela y les explica que aquellos que han muerto serán resucitados de nuevo (1 Tesalonicenses 4:13-14). A continuación, Pablo descubre más detalles sobre este aspecto, revela algo que no tiene correspondencia ni equivalente en el Antiguo Testamento: Pablo les dice a los tesalonicenses que, antes de la definitiva venida del Señor ocurrirá un hecho importante, Él vendrá a buscar a su iglesia, pero en un cierto orden. Primero resucitarán los muertos en Cristo y luego los creyentes que queden vivos "serán arrebatados", reuniéndose con Cristo posteriormente (1 Tesalonicenses 4:15-18). Para el teólogo Paul N. Benware:

> La promesa es llevar a la iglesia ("tomaré") al lugar que Él ha preparado para una comunión permanente. Esta promesa era una nueva revelación para los discípulos, pues estaban esperando el establecimiento del reino en la tierra. La idea de ir primero al cielo como un grupo del pueblo del Señor era una verdad que Jesús no les había dado a conocer previamente. Los discípulos se enteraron de que ellos (la iglesia) no permanecerían en esta tierra, pues la tierra no es la esperanza de la iglesia [...] El misterio que se encuentra en este pasaje es la verdad que algunos creyentes no experimentarán la muerte; sino, antes bien, serán arrebatados para reunirse con el Señor en cuerpos inmortales, transformados. La idea de recibir un cuerpo resucitado sin morir primero fue una verdad nunca antes dada.[52]

En el Nuevo Testamento existen otros pasajes que respaldan esta doctrina del arrebatamiento de la iglesia como por ejemplo: Juan 14:1-3 donde Jesús promete que regresaría nuevamente y los llevaría a la "casa de mi Padre"; Filipenses 3:20-21 y Colosenses 3:4 que hablan de la transformación que experimentarán los cuerpos físicos en cuerpos espirituales; Tito 2:13 que resalta la expectativa del creyente ante la "manifestación gloriosa de Jesucristo" y, como no, 1 Corintios 15:22-26 que detalla, de nuevo,

---

[52] Paul N. Benware, *Entienda la profecía de los últimos tiempos* (Grand Rapids, Michigan: Edito-rial Portavoz, 2010), p. 192-193.

el regreso de Cristo en un orden establecido y su victoria final, además de los versículos 51 al 53 que, otra vez, hablan del nuevo y gran "misterio" de la resurrección de los muertos y la transformación de los cuerpos.

La segunda venida de Cristo: *Siloh*

Todos estos acontecimientos que estamos viendo, a día de hoy, esperan su cumplimiento, aunque la fecha exacta, "ni los ángeles lo saben" (Mateo 24:36; Lucas 12:40). La Biblia está plagada de referencias a la segunda venida de Cristo (Zacarías 14:4; Mateo 16:27, 24:42, 25:31; 26:64; Marcos 8:38; Lucas 17:26-30; Juan 14:3; Hechos 1:9-11; 1 Corintios 15:23; Filipenses 1:6, 3:20, 4:5; Colosenses 3:4; Tito 2:13; 1 Tesalonicenses 1:10, 5:1-3, 23; 1 Timoteo 6:14; 2 Timoteo 4:7-8; Hebreos 9:28; Santiago 5:7-8; 2 Pedro 3:4; 1 Juan 2:28; Apocalipsis 1:7-8, 19:11-16, 22:12, y un largo etcétera).

La primera venida de Cristo fue tímida y débil, muy humilde y como siervo sufriente. El mismo Natanael, hombre de fe que esperaba la llegada del Mesías prometido en la ley de Moisés y los profetas, llegó a decir que de Nazaret -un pueblo oscuro e insignificante de la baja Galilea donde Jesús se había criado- "nada bueno podía salir" (Juan 1:45-46). Sin embargo, su segunda venida será muy diferente pues se le espera que venga en victoria, en gloria y como rey conquistador (Mateo 24:30; Tito 2:13; Apocalipsis 1:7, 19:11-16). En este punto surgen algunas interrogantes bastante interesantes: Si la primera venida fue una realidad, ¿por qué no la segunda? ¿Para qué tiene que venir de nuevo? Si con su primera venida Jesús cumplió muchas de las profecías (nacimiento, vida, ministerio, muerte y resurrección), ¿quedarán otras por cumplir?

La respuesta, básica, a estas preguntas es que Jesucristo tiene que venir de nuevo, ya no como un niño recién nacido en un sucio pesebre de Belén, tal y como fue profetizado (Miqueas 5:2), sino como regente y soberano para reclamar su propiedad: la tierra como un reino suyo (Isaías 66:1-2; Hechos 7:49-50) y, especialmente, requerir la ciudad de Jerusalén como "la ciudad del gran Rey" (Mateo 5:35).

Una de las profecías más tempranas sobre la segunda venida de

Cristo -que para muchos aun no ha sido satisfactoriamente explicada- es la profecía de Jacob sobre uno de sus hijos: Judá, del linaje de Cristo (Mateo 1:2) y su futuro reino:

"No será quitado el cetro de Judá, ni el legislador de entre sus pies, hasta que venga Siloh; y a él se congregarán los pueblos" (Génesis 49:10; Cf. Jeremías 30:21 y Ezequiel 21:27).

De Judá, cuarto hijo de Jacob y Lea (Génesis 35:23), descendieron el rey David, una larga sucesión de reyes y el propio Jesucristo (Mateo 1:1-16) llamado "el León de la tribu de Judá" (Génesis 49:9; Oseas 5:14; Apocalipsis 5:5). Como ya sabemos, después de la muerte del rey Salomón, el reino de Israel fue dividido: diez tribus formaron el reino del norte (Israel) y otras dos formaron el reino del sur (Judá). En esta profecía Jacob, padre de Judá, mirando al futuro, contempló la venida del Mesías. "Judá ejercería la autoridad real sobre las otras tribus hasta que venga Siloh".[53]

Aunque no esta claro el significado de la palabra '*Silóh*', muchos autores la han interpretado como "descanso o un título del Mesías como Príncipe de Paz (Isaías 9:6)",[54] o también, entre las interpretaciones que parten de la Biblia griega (la Septuaginta o LXX): "hasta que venga lo que le es debido, o mejor aún: hasta que venga aquel a quien -el cetro- le es debido".[55] Por tanto, la profecía indica que el cetro, símbolo de autoridad real, iría pasando de mano en mano, de imperio a imperio, hasta que venga por fin el Rey de Reyes a gobernar todas las naciones. Hecho que, evidentemente, aun no ha ocurrido. Esta profecía no solo anticipó el hecho histórico del linaje real de Cristo, sino también su futuro reino eterno.

---

[53] Pablo Hoff, *El Pentateuco* (Editorial Vida, 1978), p. 102.

[54] Samuel Vila y Santiago Escuain, *Nuevo Diccionario Bíblico Ilustrado* (España: Editorial CLIE, 1985), p. 1090.

[55] Gerhard Von Rad, *El libro del Génesis* (Salamanca, España: Ediciones Sígueme, 1982), p. 521.

Reinado milenial de Cristo en la tierra

Pasado el breve -pero intensísimo- período de tribulación al que ya hemos hecho referencia anteriormente, y una vez que Cristo regrese a la tierra por segunda vez, derrotará, de momento, a dos de los poderes malignos que configuran la trilogía satánica: la bestia (o el anticristo) y el falso profeta, en un lugar llamado Armagedón (Apocalipsis 19:20; Cf. 16:13-16). Sin embargo, a Satanás (también conocido por el diablo, el dragón o la serpiente antigua, entre otros nombres) lo atará y encerrará por mil años (Apocalipsis 20:1-3; Cf. Isaías 24:21-22 y 2 Pedro 2:4) para que no siga engañando al mundo. Un espacio largo de tiempo, pero finito.

Apresado y confinado Satanás, en la tierra se vivirá un vasto período -mil años- donde los supervivientes de la gran tribulación podrán disfrutar de verdadera justicia, paz social e inocencia. Será como volver al antiguo huerto del Edén antes que Adán y Eva pecaran, un entorno donde Cristo será la verdadera autoridad. De cómo será la vida en ese futuro milenio nos da buena cuenta la propia Biblia: el profeta Isaías, se refiere a éste periodo como un tiempo de perdurable justicia, paz y protección, lleno del conocimiento de Dios (Isaías 11:1-10) y también de longevidad y prosperidad (Isaías 65:20-25, Cf. Ezequiel 34:25-29); Daniel habla de éste tiempo como un reino de gloria inmutable donde todas las naciones servirán a Cristo (Daniel 2:35b, 7:14); también el profeta Zacarías considera esta etapa como un restaurado reino universal de Dios donde primará la seguridad y las bendiciones (Zacarías 14:9-11); incluso Lucas y Pablo, en el Nuevo Testamento, confirman el reino y dominio sin fin de Cristo en la tierra (Lucas 1:31-33, 1 Corintios 15:24-25; Cf. Apocalipsis 11:15).

Sin dudas, el capítulo de Apocalipsis 20 es uno de los más discutidos y controvertidos teológicamente hablando. El porqué de la derrota de la bestia y del falso profeta y no el de Satanás, pues éste será encarcelado durante mil años y luego otra vez suelto para volver a engañar a las naciones, es un tema intrigante y enigmático ¿Por qué librar dos batallas: una para destruir a la bestia y al falso profeta en la futura segunda venida de Cristo (Apocalipsis 19:19-21) y otra para vencer a Satanás después de mil años (Apocalipsis 20:7-10)? ¿Por qué Dios permitirá que Satanás sea soltado y consienta el engaño y la confusión en un estado de bienestar total donde reinará Jesucristo? En otras palabras: Si Dios sabe el mal que causará Satanás de nuevo, ¿por qué dejarle libre? ¿por qué esa concesión? Por supuesto, la mente de Dios es impenetrable (Romanos 11:33-36; 1 Corintios 2:16) sin embargo, de igual manera que en la actualidad no podemos conocer las situaciones y las circunstancias en los tiempos pasados del Edén, tampoco comprendemos hoy día las que serán en ese tiempo futuro. Para el profesor de lenguas veterotestamentarias, Ralph Alexander, es muy posible que el milenio tenga "unos propósitos específicos en el programa divino, tales como el de demostrar la presencia del pecado incluso en un estado de perfecto medio ambiente".[56] Es claro que la naturaleza pecaminosa de la humanidad no tiene límites, incluso en un estado de auténtico bienestar y de felicidad. A lo largo del milenio el libre albedrio del hombre será de nuevo puesto a prueba, de igual manera que ocurrió en el Edén con Adán y Eva (Génesis 3:1-6). El hombre ha demostrado ser un fracaso y necesitar regeneración.

No obstante, lo que sí es incuestionable es que en el futuro milenio se darán, por fin, todas las condiciones para que todos los pactos (Abrahámico, Davídico, Palestino y Nuevo Pacto) se cumplan de una forma completa y absoluta. Los pactos de Dios con Israel aseguran a ese pueblo una existencia nacional, un reino, un rey y bendiciones espirituales a perpetuidad en una tierra también eterna. En palabras del teólogo Samuel Pérez Millos:

Al entender que la historia humana, desde la perspectiva bíblica, ha tenido distintos periodos con un trato diferente y unas condiciones distintas, el milenio es el cumplimiento real del reino teocrático de Dios que será instaurado, a causa de la promesa hecha a David sobre un trono eterno, en la persona del Mesías, confirmado a María en el anuncio del ángel Gabriel (Lucas 1:32-33; Isaías 9:6-7).[57]

En su carta a los corintios, el apóstol Pablo les escribía: "es preciso que él [Cristo] reine hasta que haya puesto a todos sus

---

[56] Ralph H. Alexander, *Ezequiel* (Grand Rapids, Michigan: Editorial Portavoz, 1990), p. 137.

[57] Samuel Pérez Millos, *Apocalipsis* (Barcelona, España: Editorial CLIE, 2010), p. 1196.

enemigos debajo de sus pies" (1 Corintios 15:25). De esta forma, con Cristo reinando, tanto física como espiritualmente en la tierra, la era milenaria ha de ser un tiempo donde la justicia divina se manifestará muy por encima de la justicia humana, tal y como la conocemos (Isaías 2:2-4, 9:7, 11:3-5; Jeremías 23:5-6, 33:15-16; Daniel 9:24). Durante el reino milenial, Cristo, con todo poder y como legítimo heredero del trono de David (Lucas 1:31-33), tomará posesión de la tierra de Israel en el nombre de Dios, no de la forma en que se adueñaron de ella los imperios humanos en tiempos pasados, y se cumplirá al milímetro la gran profecía de Daniel:

> Estabas mirando, hasta que una piedra fue cortada, no con mano, e hirió a la imagen en sus pies de hierro y de barro cocido, y los desmenuzó. Entonces fueron desmenuzados también el hierro, el barro cocido, el bronce, la plata y el oro, y fueron como tamo de las eras del verano, y se los llevó el viento sin que de ellos quedara rastro alguno. Mas la piedra que hirió a la imagen fue hecha un gran monte que llenó toda la tierra [...] Y en los días de estos reyes el Dios del cielo levantará un reino que no será jamás destruido, ni será el reino dejado a otro pueblo; desmenuzará y consumirá a todos estos reinos, pero él permanecerá para siempre (Daniel 2:34-35, 44).

Durante el futuro gobierno de Cristo en la tierra, Israel llegará a ser restaurada totalmente (Ezequiel 36:8-12; Zacarías 8:12-13), lo que es fundamental para que se cumplan los pactos de Dios hechos con Israel. La tierra será considerablemente ampliada en comparación con su superficie anterior (Isaías 26:15, 33:17; Abdías 15-21; Zacarías 14:10-11; Apocalipsis 11:15). Al respecto, el teólogo norteamericano Dwight Pentecost, nos dice lo siguiente:

> Por primera vez Israel poseerá toda la tierra prometida a Abraham (Gn 15:18-21). La topografía de la tierra será alterada (Is 33:10-11; Ez 47:1-12; Joel 3:18; Zac 4:7; Zac 14:4, Zac 14:8, Zac 14:10). En vez de terreno montañoso que caracteriza hoy a Palestina, un gran valle fértil será creado en la segunda venida del Mesías (Zac 14:4), de manera que Palestina será verdaderamente 'hermosa provincia' (Sal 48:2). Esta topografía transformada permitirá que el río fluya de la ciudad de Jerusalén y se divida hacia los mares para irrigar la tierra (Ez 47:1-12). Habrá fertilidad y productividad renovadas en la tierra (Is 29:17; Is 32:15; Is 35:1-7; Is 51:3; Is 55:13; Is 62:8-9; Jer 31:27-28; Ez 34:27; Ez 36:29-35; Joel 3:18; Amós 9:13). Entonces el que ara alcanzará al segador debido a la productividad de la tierra. Habrá abundancia de lluvia (Is 30:23-25; Is 35:6-7; Is 41:17-18; Is

49:10; Ez 34:26; Zac 10:1; Joel 2:23-24) [...] La tierra será reconstruida después de haber sido asolada durante el período de la tribulación (Is 32:16-18; Is 49:19; Is 61:4-5; Ez 36:33-38; Ez 39:9; Amós 9:14-15). Los residuos de la destrucción serán removidos para que la tierra pueda estar limpia otra vez. Palestina será redistribuida entre las doce tribus de Israel. En Ezequiel 48:1-29 se reseña esta redistribución. En ese capítulo, la tierra se ve dividida en tres partes. En la parte norte se adjudican tierras a las tribus de Dan, Aser, Neftalí, Manases, Efraín, Rubén y Judá (Ez 48:1-7). La tierra parece dividirse por una línea que corre de Este a Oeste, a través de todas las dimensiones ampliadas de Palestina. De igual manera, en la parte sur se le adjudican tierras a Benjamín, Simeón, Isacar, Zabulón y Gad (Ez 48:23-27). Entre las divisiones del norte y del sur hay un área conocida como 'porción santa' (Ez 48:8-20), esto es, una porción de tierra reservada para Jehová. Esta ha de ser una superficie de veinticinco mil cañas[58] de anchura y de longitud (Ez 48:8, Ez 48:20), que será dividida en una superficie de veinticinco mil por diez mil cañas para los levitas (Ez 45:5; Ez 48:13-14), una de la misma área para el templo y los sacerdotes (Ez 45:4; Ez 48:10-12), y una de veinticinco mil por cinco mil cañas para la ciudad (Ez 45:6; Ez 48:15-19).[59]

El futuro reinado milenial de Cristo en la tierra, también se caracterizará por traer la verdad a este mundo. A lo largo del tiempo, la humanidad "ha cambiado la verdad de Dios por la mentira" (Romanos 1:25), sin embargo, Cristo es el único que ha podido decir: "Yo soy el camino, y la verdad, y la vida" (Juan

---

[58] Investigaciones arqueológicas han establecido el hecho de que en la antigua Babilonia se empleaban tres codos. El más pequeño que era de 27,43 centímetros, o sea tres palmos (palmos menores), se usaba para trabajos en oro. El segundo, de cuatro palmos, o sea 36,58 centímetros, se aplicaba en las construcciones, y el tercero de cinco palmos menores, o sea 45,72 centímetros, se utilizaba en medidas de terrenos. El codo más corto de tres palmos menores, o palmos (un palmo tiene 9,14 centímetros), equivalentes a 27,43 centímetros, es la unidad básica fundamental. Como el profeta es muy específico al declarar que la unidad de medida en su visión es de un 'codo de a codo y palmo menor' (Ezequiel 40:5, 43:13), sin duda, él se refiere al codo más pequeño de tres palmos menores como la medida básica, más de un palmo menor o lo que equivale al codo medio de 36,58 centímetros. Según estos cálculos, la caña sería de 2,19 metros. La porción santa sería entonces un cuadrado espacioso, de 54,4 kilómetros por cada lado, alrededor de 2960 kilómetros cuadrados. Esta superficie sería el centro de todos los intereses del gobierno y del culto divinos tal como se establecerán en la tierra milenaria (Merrill Frederick Unger, *The Temple Vision of Ezekiel*, Bibliotheca Sacra, Vol. 105, p. 427-428).

[59] J. Dwight Pentecost, *Eventos del Porvenir* (EE.UU.: Editorial Vida, 1989), p. 386-387.

14:6). Sin dudas, todas estas promesas de restauración y sanidad espiritual sobre la Santa Ciudad de Jerusalén se cumplirán durante el reinado milenial de Cristo en la tierra, hasta el punto que Jerusalén será llamada 'Ciudad de la Verdad' (Zacarías 8:3). Además de ser el centro neurálgico de la justicia y la verdad, el estudio de las profecías bíblicas apunta a que, en el milenio, Jerusalén llegará a ser el foco más importante de la tierra (Isaías 2:2-4; Jeremías 3:17; Joel 3:16-21; Miqueas 4:1-2; Zacarías 2:10-12). También será una ciudad alegre, gloriosa, próspera y deseada (Isaías 62:1-12; 66:10-14) y, por supuesto, un centro de adoración y ciudad perpetua (Isaías 9:7; Joel 3:20; Zacarías 8:4). Antes de terminar este apartado, debemos hablar brevemente sobre la, también futura, construcción de un Tercer Templo.

Para los judíos, este futuro periodo de mil años es muy importante y significativo. El profeta Ezequiel fue exiliado a Babilonia sobre el año 597 a.C. y durante varios años tuvo una serie de visiones en las cuales Dios le mostraba que Jerusalén, con su Templo incluido, sería arrasada y saqueada, hecho que ocurrió en el 587 a.C. Sin embargo, Ezequiel también anunció que Israel sería restaurado y la gloria de Dios volvería a habitar entre el pueblo hebreo. Si en otro tiempo -aproximadamente en 1450 a.C.- la morada de Dios en la tierra había sido el tabernáculo (Éxodo 25 - 31) y más tarde fue el Templo de Jerusalén,[60] los judíos ven necesario, por tanto, la construcción de un Tercer Templo para que, de nuevo, la gloria de Dios habite en él. Algunos opinan que este Tercer Templo será edificado durante el reino de Cristo, en el

---

[60] Un Primer Templo fue construido por el rey Salomón (1 Reyes 6; 2 Crónicas 3) alrededor del año 967 a.C. en la explanada del monte Moriá en la ciudad de Jerusalén, donde actualmente se encuentran la Cúpula de la Roca y la Mezquita de Al-Aqsa y fue destruido por el rey babilónico Nabucodonosor II en 587 a.C; un Segundo Templo, mucho más modesto y humilde que el primero, fue reedificado por Zorobabel -lider de los judíos exiliados- en el 520 a.C. (Esdras 5 – 6), durante el reinado del rey persa Darío I; por último, el rey Herodes renovó ampliamente el Templo sobre el año 19 a.C. cuya superficie llegó a ocupar 500 metros de largo por 300 metros de ancho, unas tres veces más grande que la construcción que hizo Salomón. Posteriormente, en el año 70 d.C., las legiones romanas bajo las órdenes del general Tito destruyeron la mayor parte de Jerusalén y el Segundo Templo. Actualmente lo único que queda en pie son los restos del muro de la explanada o Muro de las Lamentaciones.

milenio, mientras que otros creen que será edificado al comienzo de la Gran Tribulación.

En el libro de Ezequiel, en los capítulos que van del 40 al 48, el profeta tiene la visión de un Templo. Aunque muchos han tratado de ver en este texto una referencia al Templo de Salomón, al construido por Zorobabel o al Templo de Herodes en la época de Cristo lo cierto es que, debido a su literatura profética y su acento escatológico lleno de simbolismos, la visión de Ezequiel sitúa la construcción de dicho Templo en el futuro reino milenial de Cristo. Por una parte, el área, las medidas empleadas y, en resumen, la descripción que hace Ezequiel del Templo en su visión, dista mucho respecto a los anteriores Templos mencionados; por otro lado, un dato revelador y crucial que ubica el Templo de Ezequiel en una época que esta aun por llegar es que al profeta se le informa que aquel lugar será el trono de Dios, "el lugar donde posaré las plantas de mis pies, en el cual habitaré entre los hijos de Israel para siempre; y nunca más profanará la casa de Israel mi santo nombre..." (Ezequiel 43:7). Teniendo en cuenta la historia se puede comprobar que esta profecía de Ezequiel aun esta por suceder.

En los últimos nueve capítulos (Ezequiel 40 - 48) el profeta describe, de forma muy rigurosa y exacta, la restauración del Templo durante el reino milenial de Jesucristo, en su segunda venida. De esta manera, la gloria de Dios -la *Shekina*- volverá de nuevo al Lugar Santísimo, y desde ese día glorioso y venidero Jerusalén será llamada con otro nombre: *Jehová-sama* ('El Señor está allí') y su morada será eterna (Ezequiel 48:35).

Otro texto más del apóstol Pablo a los corintios, nos dice que: "el hombre natural no percibe las cosas que son del Espíritu de Dios, porque para él son locura, y no las puede entender, porque se han de discernir espiritualmente" (1 Corintios 2:14). Sin lugar a dudas, la totalidad de este capítulo tan profético y escatológico nos puede sonar a locura o disparate. Sin embargo, aun nos esperan más sorpresas.

	Daniel 2:30-45		Daniel 7	Daniel 8	Fechas
1er. Reino	Oro	Babilonia (Nabucodonosor)	León		605-539 a.C.
2º Reino	Plata	Media-Persia (Darío I – Darío III)	Oso	Carnero	539-330 a.C.
3er. Reino	Bronce	Grecia (Alejandro Magno)	Leopardo	Macho Cabrío ... (Antíoco IV Epífanes)	330-145 a.C.
4º Reino	Hierro	Roma	4ª Bestia Espantosa		27 a.C. – 476 d.C.
	Hierro + Barro	Reino dividido	10cuernos + cuerno pequeño o Anticristo		¿?

5. Reconstrucción gráfica completa. Sueño de Daniel sobre la estatua de Nabucodonosor. La piedra que choca en los pies de hierro y barro cocido simboliza el futuro reino de Cristo en la tierra, un reino eterno que destruirá a los demás (Daniel 2:34-35, 44-45; Cf. Lucas 1:31-33).

El fin de los días: la Nueva Jerusalén

Para el profesor Ellison, "el Milenio es la antecámara, y la preparación, del estado eterno".[61] Sin embargo, ni el reinado milenario de Cristo en la tierra tiene parangón con lo que ocurrirá a partir de entonces. Si Ezequiel 40 - 48 y Apocalipsis 20:1-10 se refieren al futuro reino milenial de Cristo en la tierra, los capítulos 21 y 22 de Apocalipsis describen el glorioso final del plan redentor de Dios para la humanidad. Pero antes de esto, ocurrirá un evento que debe inquietar a cualquier ser humano: el juicio final, "el gran trono blanco" (Apocalipsis 20:11-15; Cf. Daniel 7:9-10). La humanidad será juzgada por Cristo y aquellos que, por fe, no hayan aceptado a Jesús en sus vidas serán castigados eternamente (Mateo 13:36-43, 25:31-46; Romanos 3:22-30, 5:1; Tito 3:4-7; Apocalipsis 21:8, 22:14-15). La Biblia es muy clara en este aspecto y no deja lugar a dudas: todos, grandes y pequeños, ricos y pobres, de cualquier raza o nación, pasaremos por el tribunal de Cristo. Unos para vida eterna y otros para condenación perpetua y consciente. Cualquier persona sensata, debería tomarse muy en serio las Palabras del Dios del cielo y de la tierra.

Pasado el gran juicio que determinará la condición eterna de cada ser humano, Dios cumplirá una vieja profecía. Después de la desobediencia de Adán y Eva hasta la tierra se tornó maldita, no dando los frutos que hasta ese momento daba (Génesis 3:16-19). Sin embargo, el apóstol Pablo nos da a entender que la misma creación será liberada de éste miserable estado en el que se encuentra actualmente (Romanos 8:18-23). Por tanto, todo lo que conocemos, todos los elementos, los cielos y la tierra, será destruido por Dios mediante el fuego (Deuteronomio 32:22; Sofonías 1:18, 3:8; 2 Pedro 3:7-12) dando lugar a unos cielos, y una tierra, completamente nuevos (Isaías 65:17, 66:22; 2 Pedro 3:13; Apocalipsis 21:1). Esta es, ciertamente, la profecía a la que se refería Lucas cuando escribió: "es necesario que el cielo reciba [a Jesucristo] hasta los tiempos de la restauración de todas las cosas" (Hechos 3:20-21).

En este punto, la raza humana, tal y como la conocemos, tocará

---

[61] Henry L. Ellison, *Ezequiel: The Man and His Message* (Grand Rapids, Michigan: Eerdmans Publishing Co., 1956), p. 142.

su fin. La gran trasformación que sufrirá el universo dará paso a la inmortalidad (1 Corintios 15:51-54), pero este estado perpetuo tiene un doble filo. Sabemos el destino de los condenados, de los espiritualmente muertos, de aquellos que rechazaron a Dios: serán arrojados al "lago de fuego" (Apocalipsis 20:15, 21:8) sin embargo, ¿cuál será la morada eterna de todos los que tuvieron fe en la obra salvadora de Cristo?

El apóstol Juan es el único que ha tenido el privilegio de ver esa maravillosa ciudad futura y celestial en todo su esplendor. El discípulo amado describe a continuación y con gran detalle, con palabras imposibles para el razonamiento humano, la Ciudad Santa del futuro: la Nueva Jerusalén (Apocalipsis 3:12, 21:9-27, 22:1-5; Cf. Gálatas 4:26; Filipenses 3:20; Hebreos 12:22, 13:14), en un estado eterno. Liberada la nueva creación de pecado y de muerte, el apóstol Juan ve descender ante sus ojos estupefactos el gran regalo que Dios hace a sus hijos: una ciudad celestial construida por Él mismo (Hebreos 11:10). Para hacernos una idea, la Santa Ciudad -como luego veremos por sus extraordinarias dimensiones- es muy parecida al templo milenario de Ezequiel visto anteriormente. Pero solo lo parece pues sus medidas, materiales y excelencia son extraordinariamente sublimes.

De geometría perfecta, en forma de cubo o hexaedro, su tamaño y extensión son excepcionales: aproximadamente 2.200 kilómetros tanto de largo como de ancho y alto, rodeada por un muro de unos 65 metros de alto. Es decir, sus lados miden una distancia como de Madrid (España) a Berlín (Alemania) y su altura iría hasta más allá de la exosfera que conocemos hoy, lugar donde orbitan los satélites artificiales. Con estos datos y una sencilla fórmula matemática podríamos calcular el volumen total de esta magnífica ciudad, que sería igual a 10.648.000.000 de km^3. Es decir, los hijos de Dios tendrán dimensionados más de diez mil millones de kilómetros cúbicos de residencia celestial (Juan 14:2-3, 17:24). Una vez más, el Dr. Millos lo expresa de la siguiente manera:

Es cierto que nadie puede en la actualidad suponer una construcción con [aproximadamente] 2.160 Km. de altura, sin embargo, ¿qué es esa medida comparada con el volumen total de la tierra actual? ¿No se está tratando de una nueva creación que Dios traerá a la existencia en sustitución de la actual? ¿Quién puede dudar que el creador que ha hecho un universo actual con dimensiones sobrecogedoras, construya una ciudad semejante a la que Juan describe? [...] La profecía revela, por medio de Juan, que la Ciudad Santa, tendrá unas medidas que la harán apropiada para recoger dentro de ella a los millones de santos que han sido salvos por gracia, mediante la fe, a lo largo del tiempo transcurrido de la historia humana [...] Al mirar al futuro, la Nueva Jerusalén, ofrece la confortable visión de un espacio tan amplio que no habrá posibilidad de insuficiencia en ningún sentido.[62]

Este inmenso cubo perfecto, que por su estructura nos recuerda el 'Lugar Santísimo' -unos nueve metros cúbicos- del templo de Salomón (1 Reyes 6:20) y el del templo de Ezequiel en el futuro milenio (Ezequiel 41:4), no solo es sublime y grandioso por sus fabulosas medidas, también es soberbio por sus materiales de construcción, sus portales e iluminación. Entre sus muros realizados a base de piedra de jaspe (Apocalipsis 21:18), están insertadas doce puertas (tres por cada uno de sus cuatro lados) que son perlas y sus calles son de oro puro (Apocalipsis 21:21). Además, cada puerta lleva grabado el nombre de cada tribu de Israel (Rubén, Judá, Leví, José, Benjamín, Dan, Simeón, Isacar, Zabulón, Gad, Aser y Neftalí) que, una vez más, sigue el mismo patrón del templo milenial (Ezequiel 48:30-34). También su muro está dividido y adornados en doce fundamentos de piedras preciosas, que llevan inscritos el nombre de cada uno de los apóstoles de Cristo (Apocalipsis 21:12-14, 19-20; Cf. Lucas 22:28-30 y Efesios 2:20).

Por otra parte, el apóstol Juan nos describe esta majestuosa ciudad celestial como una urbe en la cual no hay necesidad de templo (algo totalmente lógico, ya que la Nueva Jerusalén es en sí misma un 'Lugar Santísimo', un santuario), ni de sol, ni de luna, ni de mares pues, en su defecto, será eternamente iluminada por la gloria de Dios y de su hijo Jesucristo (Apocalipsis 21:10-11, 23, 22:5; Isaías 24:23, 60:19-20). Todo parece indicar que la nueva creación será muy similar a sus orígenes (la luz del Señor estaba presente mucho antes que la luz natural fuese creada, Génesis 1:3, 14-15); el sol y la luna ya no serán necesarios, al menos como lo conocemos hoy, en la Nueva Jerusalén.

---

[62] Samuel Pérez Millos, *Apocalípsis* (Barcelona, España: Editorial CLIE, 2010), p. 1293-1294.

En lugar de mares, el apóstol ve un río de agua cristalina en el interior de la ciudad flanqueado por árboles que ofrecen sanidad y vida eterna; un río limpio y transparente, un río por el que transcurre agua de vida. Este afluente, junto con sus árboles, nos llevan una vez más tanto al paraíso de antaño (recordemos que en el huerto del Edén había también un río y un árbol de vida eterna; Génesis 2:9-10, 3:22-24) como al Templo milenial de Ezequiel, del cual también salen aguas salutíferas y árboles frutales (Ezequiel 47; Cf. Joel 3:18 y Zacarías 14:8). De esta manera, ¡pasado y futuro se funden en Cristo! Pues Él es el salvador y sanador constante, interminable y por excelencia; Él es "el agua de vida" (Juan 4:10, 14, 7:37-39, 10:10; Apocalipsis 7:17, 21:6, 22:1, 22:17).

Solo Cristo, en su obra redentora, ha previsto -y provisto- del medio para poner fin al problema del pecado y de la maldad de la humanidad y logrará establecer en un futuro un nuevo orden mucho más excelente, superior y extraordinario que en los días del Edén, siendo éstos según las propias palabras de Dios: "bueno en gran manera" (Génesis 1:31). Asimismo, en esta eterna superciudad venidera, ya no habrá más maldición ni condenación porque "el trono de Dios y del Cordero estará en ella". De nuevo, *¡Jehová-sama!* (Apocalipsis 22:3; Ezequiel 48:35).

En esta nueva, preciosa y celestial ciudad de Jerusalén, perenne y perpetua, habitará por los siglos de los siglos el Dios trino junto con su santo pueblo: los que una vez rechazaron a Dios, pero por Su gracia y favor, fueron reconciliados con Él por fe, por la muerte en la cruz de Su Hijo Jesucristo (Isaías 53:3-12; Romanos 5:1).

S. XVII - VI	**ERA BIBLICA (a.C.)**
circa s. XVII	Los Patriarcas: Abraham, Isaac, Jacob - patriarcas del pueblo judío y portadores de la creencia en un único Dios - se establecen en la Tierra de Israel. El hambre fuerza a los israelitas a emigrar a Egipto.
circa s. XIII	Éxodo de Egipto: Moisés saca a los israelitas de Egipto, seguido por 40 años de deambular por el desierto. La Torá, incluyendo los Diez Mandamientos, es recibida en el Monte Sinaí.
s. XIII - XII	Los israelitas se asientan en la Tierra de Israel.
circa 1020	Establecimiento de la monarquía judía Saúl, primer rey.
circa 1000	Jerusalén es convertida capital del reino de David.
circa 960	El Primer Templo, centro nacional y espiritual del pueblo judío, es construido en Jerusalén por el rey Salomón.
circa 930	El reino se divide en dos: Judea e Israel
722-720	Israel es vencido por los Asirios; 10 tribus exiliadas (las Diez Tribus Perdidas).
586	Judea es conquistada por Babilonia. Jerusalén y el Primer Templo son destruidos, la mayoría de los judíos son exiliados a Babilonia.

538-142	**PERIODO PERSA Y HELENISTICO (a.C.)**
538-515	Muchos judíos retornan de Babilonia; el Templo es reconstruido.
332	La Tierra es conquistada por Alejandro Magno; dominio helenístico.
166-160	Rebelión Macabea (Hasmonea) contra las restricciones en la práctica del judaísmo y la profanación del Templo.
142-129	Autonomía judía bajo la dinastía hasmonea.
129-63	Independencia judía bajo la monarquía hasmonea.
63	Jerusalén es capturada por el general romano Pompeyo.
63-313	**DOMINIO ROMANO (a.C. – d.C.)**
63-4	Herodes, rey romano vasallo, gobierna la Tierra de Israel; El Templo en Jerusalén es reconstruido
circa 20-33	Ministerio de Jesús de Nazaret
66	Rebelión judía contra Roma
70	Destrucción de Jerusalén y del Segundo Templo.
73	Última resistencia de los judíos en Masada.
132-135	Levantamiento de Bar Cojbá contra Roma.
c. 210	Se completa la Codificación de la Ley Oral judía (MISHNÁ).
313-636	**DOMINIO BIZANTINO**
circa 390	Clausura del comentario de la MISHNÁ (TALMUD DE JERUSALÉN).
614	Invasión persa
636-1099	**DOMINIO ARABE**
691	En el lugar del Primer y Segundo Templo en Jerusalén el califa Abd el-Malik construye el Domo de la Roca.
1099-1291	**DOMINIO CRUZADO** (Reino Latino de Jerusalén)
1291-1516	**DOMINIO MAMELUCO**

1517-1917	**DOMINIO OTOMANO**
1564	Publicación del Código de la Ley Judía (SHULJÁN ARUJ).
1860	Construcción del primer barrio fuera de las murallas de Jerusalén.
1882-1903	Primera Aliáh (inmigración en gran escala), principalmente de Rusia.
1897	El Primer Congreso Sionista Mundial es convocado por Teodoro Herzl en Basilea, Suiza; se funda la Organización Sionista Mundial.
1904-14	Segunda Aliáh, principalmente de Rusia y Polonia
1909	El primer **kibutz**, Degania, y la primera ciudad judía moderna, Tel Aviv, son fundados..
1917	400 años de dominio otomano concluyen con la conquista británica; El ministro de Relaciones Exteriores británico **Balfour** promete el apoyo para el establecimiento de un "hogar nacional judío en Palestina".
1918-48	**DOMINIO BRITANICO**
1919-23	Tercera Aliáh, principalmente de Rusia
1920	Son fundadas la HISTADRUT (Confederación General de Trabajadores) y la HAGANÁ (organización de defensa judía). La comunidad judía establece el Consejo Nacional (VAAD LEUMÍ) para la dirección de sus asuntos.
1921	Se funda Nahalal, el primer moshav.
1922	Gran Bretaña recibe el **Mandato sobre Palestina** (Tierra de Israel) de la Liga de las Naciones; se establece Transjordania sobre tres cuartas partes del territorio, quedando sólo un cuarto para el hogar nacional judío. Se establece la Agencia Judía, para que represente a la comunidad judía frente a las autoridades del Mandato.
1924	Se funda el Tejnión - Instituto Israelí de Tecnología, en Haifa.

1924-32	Cuarta Aliáh, principalmente de Polonia.
1925	Abre sus puertas la Universidad Hebrea de Jerusalén en el Monte Scopus.
1929	Los judíos de Hebrón son masacrados por militantes árabes.
1931	Se funda el ETZEL, organización judía clandestina.
1933-39	Quinta Aliáh, principalmente de Alemania.
1936-39	Árabes militantes provocan disturbios anti-judíos.
1939	El Libro Blanco británico limita la inmigración judía.
1939-45	Segunda Guerra Mundial: Holocausto en Europa.
1941	Se forma el LEJI, movimiento clandestino; se crea el PALMAJ, fuerza de choque de la HAGANÁ.
1944	Se forma la Brigada Judía como parte de las fuerzas británicas.
1947	La ONU propone el establecimiento de un estado árabe y otro judío en la Tierra.

ESTADO DE ISRAEL

1948	Concluye el Mandato Británico (14 de mayo) El Estado de Israel es proclamado (14 de mayo). Israel es invadido por cinco estados árabes (15 de mayo). Guerra de Independencia (mayo de 1948 - julio de 1949). Se establecen las Fuerzas de Defensa de Israel (FDI).
1949	Se firman **acuerdos de armisticio** con Egipto, Jordania, Siria, Líbano. Jerusalén es dividida bajo dominio israelí y jordano. Elegida la primera Knéset (parlamento). Israel es admitido en las Naciones Unidas como el 59º miembro.
1948-52	Inmigración masiva de Europa y los países árabes.
1956	Campaña del Sinaí
1962	Adolf Eichmann es enjuiciado y ejecutado en Israel por su participación en el Holocausto.
1964	Finalizado el Acueducto Nacional, que transporta agua desde el norte al semi-árido sur.

1967	Guerra de los Seis Días; Jerusalén reunificada.
1968-70	Guerra de Desgaste de Egipto contra Israel
1973	Guerra de Yom Kipur
1975	Israel pasa a ser miembro asociado del Mercado Común Europeo.
1977	El Likud forma gobierno luego de las elecciones a la Knéset; fin de 30 años de gobierno laborista. Visita del presidente egipcio Sadat a Jerusalén.
1978	**Acuerdos de Camp David** que constituyen un marco para la paz comprehensiva en el Medio Oriente y una propuesta de auto gobierno palestino.
1979	Se firma el **Tratado de Paz Israelo-Egipcio.** El primer ministro Menajem Beguin y el presidente Anwar Sadat son galardonados con el Premio Nobel de la Paz.
1981	La Fuerza Aérea Israelí destruye el reactor nuclear iraquí justo antes de entrar a ser operativo.
1982	Finaliza la retirada israelí en tres etapas del Sinaí; La Operación Paz para la Galilea aleja a los terroristas de la OLP (Organización para la Liberación de Palestina) del Líbano.
1984	Se forma un gobierno de Unidad Nacional (Likud y Laborismo). Operación Moisés, inmigración de los judíos de Etiopía.
1985	Se firma un **Acuerdo de Libre Comercio** con los Estados Unidos.
1987	Amplia violencia (*intifada*) comienza en los territorios administrados por Israel.
1988	El Likud sube al poder después de las elecciones.
1989	Una **iniciativa de paz** de cuatro puntos es propuesta por Israel. Comienza la inmigración masiva de judíos de la Ex-Unión Soviética.
1991	Israel es atacado con misiles iraquíes SCUD durante la Guerra del Golfo Pérsico. Se reúne la **Conferencia de Paz para el Medio Oriente** en Madrid; Op. Salomón, transporte aéreo de judíos de Etiopía.

1992	Se establecen relaciones diplomáticas con China e India. Sube al poder un gobierno encabezado por Itzjak Rabín, del partido Laborista.
1993	**Declaración de Principios** sobre los acuerdos interinos de autogobierno son firmados por Israel y la OLP, como representante del pueblo palestino.
1994	Implementación del autogobierno palestino en la **Franja de Gaza y Jericó** Relaciones diplomáticas con la **Santa Sede**. Se abren oficinas de intereses de Marruecos y Túnez. Se firma el **Tratado de Paz entre Israel y Jordania**. **Rabín**, **Peres** y Arafat son galardonados con el Premio Nóbel de la Paz.
1995	Se implementa la ampliación del **autogobierno palestino** en la Margen Occidental y la Franja de Gaza; es elegido el Consejo Palestino. **El primer ministro Itzjak Rabín es asesinado** en una asamblea por la paz. Shimón Peres pasa a ser primer ministro.
1996	Escalada del terrorismo árabe fundamentalista contra Israel. **Operación Uvas de la Ira**, represalia por ataques terroristas de Jizbalá contra el norte de Israel. Se establecen oficinas de representación comercial en Omán y Qatar. El Likud forma gobierno después de las **elecciones a la Knéset**. Benjamín Netaniahu asume el cargo de Primer Ministro. Se abre la oficina de representación comercial de Omán en Tel Aviv.
1997	Israel y la AP firman el **Protocolo de Hebrón**.
1998	Israel celebra el **Cincuentenario** Israel y la OLP firman el **Memorándum del río Wye** para facilitar la implementación del Acuerdo Interino.
1999	**Ehud Barak** (partido izquierdista Un Israel)

es **electo primer ministro**; forma un gobierno de coalición.

Israel y la OLP firman el **Memorándum de Sharem el-Sheikh**.

2000 **Visita del Papa Juan Pablo II**

Israel se retira de la zona de seguridad en el Sur del Líbano.

Israel es admitido en el grupo de Europa Occidental de la ONU y en otros grupos.

Estalla una **nueva ola de violencia**.

Renuncia el primer ministro Barak.

2001 **Ariel Sharon** (Likud) es **electo primer ministro**; forma un gobierno de unidad de base amplia.

Se publica el informe de la Comisión de Sharm-el Sheikh para determinar los acontecimientos **(Informe Mitchell)**.

Se propone un Plan de Trabajo para la Implementación de la Seguridad Israelo-Palestina **(Plan de cese de fuego Tenet)**.

Rejavam Zeevy, ministro de Turismo, es asesinado por terroristas palestinos.

2002 Israel lanza la **"Operación Muro de Defensa"** en respuesta a los mas vos ataques terroristas palestinos.

El primer ministro Sharón disuelve la Knéset, llamando a nuevas elecciones que se realizarán el 28 de enero del 2003.

2003 El primer ministro Ariel Sharón forma una coalición de gobierno de centro-derecha.

Israel acepta la **Hoja de Ruta**.

2005 Israel lleva a cabo e **Plan de Desconexión** que fuera aprobado por el Gobierno y por la Knéset.

2006 Después que el Primer Ministro sufre un ataque apoplético, **Ehud Olmert** pasa a ser Primer Ministro interino.

Las **elecciones** se l evan a cabo el 28 de marzo.

El Ministro Ehud Olmert forma un nuevo gobierno.

Israel lleva a cabo operaciones militares

contra **terroristas palestinos de la Franja de Gaza** después del secuestro de un soldado israelí. A raíz del secuestro de dos soldados israelíes y de ataques con misiles contra la población civil, estalla la **segunda guerra del Líbano** en la que Israel emprende operaciones militares contra el terrorismo de Jizbalá basado en el sur del Líbano.

2007	**Shimon Peres** es elegido Presidente por la Kneset. **Israel declara a Gaza " territorio hostil"** a raíz de la toma del poder por la fuerza por el Hamás en la franja de Gaza.
2008	Israel celebra su 60 aniversario. Israel lanza su operación de Gaza en respuesta al disparo de más de 10.000 cohetes y morteros desde la Franja de Gaza.
2009	Benjamin Netanyahu es elegido primer ministro en las elecciones nacionales celebradas en febrero de 2009, y forma un gobierno de coalición de base amplia La ciudad de Tel Aviv celebra su 100 aniversario.
2010	Israel se une a la Organización para la Cooperación y el Desarrollo Económicos (OCDE). Conflicto entre Israel y Hamas en Gaza.
2020	"Acuerdos de Abraham" entre países árabes, excluyendo a Palestina
2023	Conflicto entre Israel y Hamas
¿?	**FUTURA ERA BIBLICA** Abominación desoladora o anticristo (Dn 9:27; Mt 24:15 Juicios a Israel y naciones (Ap 6 – 18) Segunda Venida de Cristo (Ap 19) Mil años de gobierno de Cristo y Juicio Final (Ap 20) Nuevo Universo. Nueva Jerusalén. Eternidad (Ap 21 – 22)

Bibliografía

Adisson, J. T. *The Christian Approach to the Muslims*. Nueva York, EE.UU.: AMS Press, 1942.

Alexander, Ralph H. *Ezequiel*. Grand Rapids, Michigan: Editorial Portavoz, 1990.

Anderson, Norman. *Las Religiones del Mundo*. Texas: Editorial Mundo Hispano, 1993.

Asimov, Isaac. *El Cercano Oriente*. España: Alianza Editorial, 2020.

Benware, Paul N. *Entienda la profecía de los últimos tiempos*. Grand Rapids, Michigan: Editorial Portavoz, 2010.

Briant, Pierre. *From Cyrus to Alexander: A History of the Persian Empire*. Eisenbrauns, 2002.

Cabrero Piquero, Javier. *Roma*. Madrid, España: Edimat Libros, 2008.

Carballosa, Evis L. *Cristo en el Milenio*. Grand Rapids, Michigan: Editorial Portavoz, 2007.

Casio, Dión. *Historia romana. Obra completa.* Madrid: Editorial Gredos, 2004.

Chinnok, E. J. *The Anabasis of Alexander.* Londres: Hodder and Stoughton, 1884.

Edersheim, Alfred. *Comentario Bíblico Histórico.* España: Editorial CLIE, 2009.

Ellison, Henry L. *Ezequiel: The Man and His Message.* Grand Rapids, Michigan: Eerdmans Publishing Co., 1956.

Engels Friedrich, *Obras escogidas Marx / Engels.* Madrid, España: Ediciones Akal, 2009.

Espinel, Andrés Diego. *La Guerra en Oriente Próximo y Egipto.* Universidad de Salamanca.

González, Justo L. *Historia del cristianismo, Tomo I.* Miami: Editorial Unilit, 1994.

Heródoto, *Los nueve libros de la Historia.* España: Editorial EDAF, 1989.

Hoehner, Harold W. *Herod Antipas: A Contemporary of Jesus Christ.* Zondervan Publishing Company, 1980.

Hoff, Pablo. *El Pentateuco.* Editorial Vida, 1978.

Holder, Meir. *History of the Jewish People.* Mesorah Pubns Ltd, 1986.

Iglesias, Escalona Diego. *Judaísmo y Cristianismo: de la Cátedra de Moisés al trono de Cristo.* Great Britain: Kindle Direct Publishing, 2018.

__________________________. *Revelaciones de Daniel: Apocalipsis en el Antiguo Testamento. El Cielo en la Tierra.* Poland: Kindle Direct Publishing, 2020.

Johnson, Paul. *La historia de los judíos*. España: B de Bolsillo, 2023.

Kitchen, Kenneth. *On the Reliability of the Old Testament*. Grand Rapids, Michigan: Eerdmans Publishing, 2006.

Kochav, Sarah. *Grandes civilizaciones del pasado: Israel*. Folio.

Kuhrt, Amélie. *El Oriente Próximo en la Antigüedad Vol. II*. Barcelona: Crítica, 2002.

Lahaye, Tim. *Apocalipsis sin velo*. Miami, Florida: Editorial Vida, 2000.

Lapierre, Dominique y Larry Collins. *Oh, Jerusalén*. Barcelona, España: Plaza & Janés S.A. Editores, 1982.

López Alonso, Carmen. *Hamás: La marcha hacia el poder*. Madrid, España: Los libros de la catarata, 2007.

Maas, Antony. *Assideans: The Catholic Encyclopedia. Vol. 1*. New York: Robert Appleton Company, 1907.

Maier, Paul L. *Josefo: Los escritos esenciales*. Grand Rapids, Michigan: Editorial Portavoz, 1992.

Miller, Margaret Christina. *Athens and Persia in the Fifth Century BC: A Study in Cultural Receptivity*. Cambridge University Press, 2004.

Navajas, Ana Isabel. *Egipto: El culto a la muerte junto al río de la vida*. España: Edimat Libros, 2008.

Negrete, Javier. *Alejandro Magno y las águilas de Roma*. Editorial Booket, 2011.

Pentecost, J. Dwight. *Eventos del Porvenir*. EE.UU.: Editorial Vida, 1989.

Pérez Millos, Samuel. *Apocalipsis*. Barcelona, España: Editorial CLIE, 2010.

Rivera Quintana, Juan Carlos. *Breve historia de Carlomagno.* Madrid, España: Ediciones Nowtilus S.L., 2009.

Runciman, Steven. *Historia de las Cruzadas III: El Reino de Acre y las últimas cruzadas*. Madrid, España: Alianza Editorial, 1981.

Sampson, Gareth C. *Rome's Great Eastern War: Lucullus, Pompey and the Conquest of the East, 74-62 BC*. Yorkshire, Philadelphia: Pen & Sword Military, 2021.

Slater, Jerome. *Mythologies without end: the US, Israel, and the Arab-Israeli conflict, 1917-2020*. Oxford University Press, 2021.

Stedman, Ray C. *Aventurándonos en el conocimiento de la Biblia: Una guía global a la Palabra de Dios*. Curitiba, Brasil: Publicaciones RBC, 2009.

Telushkin, Joseph. *Jewish Literacy: Most Important Things to Know About the Jewish Religion, Its People and Its History*. William Morrow & Co.,1991.

Unger, Merrill Frederick. *The Temple Vision of Ezekiel*. Bibliotheca Sacra, 1948.

Vaughn, Andrew G. *Jerusalem in Bible and Archaeology: The First Temple Period*. Atlanta: Society of Biblical Literature, 2003.

Vila, Samuel y Santiago Escuain. *Nuevo Diccionario Bíblico Ilustrado*. España: Editorial CLIE, 1985.

Von Rad, Gerhard. *El libro del Génesis*. Salamanca, España: Ediciones Sígueme, 1982.

Vos, Howard F. *Breve historia de la Iglesia Cristiana*. Grand Rapids, Michigan: Editorial Portavoz, 1988.

Walton, John H. *Ancient Israelite Literature in its Cultural Context*. Grand Rapids, Michigan: Zondervan Publishing House, 1989.

Wensinck, A. J. *First Encyclopaedia of Islam 1913-1936*. New York: KOBENHAVN. KOLN, 1987.

Zaballos, Virgilio. *El Enigma Israel*. Alicante, España: Ediciones Logos, 2011.

Amazon.es

Muy puzzlement, y a veces con razón, pensamos que la teología -sobre todo la teología de hoy en día- está maltrecha, dañada y salga malparada en múltiples ocasiones. Pero no por el estudio de la teología en sí misma, más bien por el uso y la interpretación que el hombre hace de ella, a veces torciéndola y deformándola. Si la teología puede -y debería ser- la respuesta a muchas de las preguntas y necesidades del hombre ¿Cómo no va a ser necesaria la teología en nuestras vidas? Teología Esencial, trata las doctrinas básicas y fundamentales de la Biblia como Bibliología, Cristología, Soteriología, Hamartiología, etc. Imprescindible para cualquier creyente en particular y para la Iglesia en general.

ISBN: 978-1720203308

Amazon.es

Judaísmo y cristianismo, ambas son religiones abrahámicas monoteístas. La primera destaca por su tradición, enseñanzas, ritos, cultos y prácticas. La segunda basada en la justicia, misericordia y amor. Diferentes a primera vista, pero idénticas en lo más profundo. Desde Génesis a Apocalipsis, del Antiguo Testamento al Nuevo Testamento, de la ley a la gracia, de los profetas a los apóstoles, del hebreo al griego, del judío al gentil... sin embargo, todo confluye y converge en la figura del Mesías profetizado: Jesucristo, centro, trono y corazón de nuestra historia.

ISBN: 978-1976874369

Amazon.es

El libro de Daniel, es maravilloso y fascinante por su composición, estructura y contenido ¿Pueden imaginar a un adolescente llevado cautivo a un país extraño, intentando preservar a toda costa su cultura y su religión, a contracorriente de todos los demás, en medio de cualquier circunstancia? Su comportamiento, en un país extraño, hostil y pagano debería ser siempre imitado por la sociedad de hoy. Pero, sin dudas, lo que deslumbrará al lector son sus visiones y revelaciones sobrenaturales sobre el futuro de la humanidad. A medida que el lector avance en su lectura irá completando este rompecabezas profético, que el autor describe con numerosos esquemas y gráficos, y comprobará como los pasajes escatológicos de la Biblia van encajando y ajustando perfectamente unos con otros hasta poder contemplar la sublime belleza del plan redentor de Dios. Aun así, nuestros ojos solo podrán alcanzar a ver tan solo un esbozo, tan solo una visión borrosa de lo que verdaderamente nos espera.

ISBN: 978-1976983924

Amazon.es

Desde su nacimiento hasta nuestros días, la iglesia cristiana siempre ha estado plagada de sectas, herejías y creencias muy contrarias a la Palabra de Dios escrita en la Biblia: Judaizantes, Gnosticismo, Catolicismo, Arrianismo, Pelagianismo, Ciencia Cristiana, Testigos de Jehová, Nueva Era, Movimiento de Fe y Prosperidad, Ecumenismo y muchas otras pseudo-doctrinas más, que se han ido introduciendo y camuflando dentro de ella.

Divididas en tres partes de la historia, el autor, desde el respeto y consideración que merecen las personas de cada credo y doctrina, las presenta y rebate desde la óptica bíblica, con una extensa y bien documentada bibliografía, con la intención de que el lector pueda familiarizarse con ellas, reconocerlas y poder así detectar el error y la confusión a la luz de las Escrituras.

ISBN: 979-8755434263

Amazon.es

La ciudad española de Sevilla, la capital de los naranjos, tan bella y sublime, tiene en sus entrañas un recorrido por sus calles no tan admirable; pero forma parte de nuestra historia. En el siglo XVI, la cruz verde de la Inquisición salía desde el Castillo de Triana hasta el Prado de San Sebastián. Detrás de ella, maltratados y en procesión, desfilaban muchos de los condenados que iban a ser quemados en la hoguera o estrangulados a garrote vil, solo por el hecho de pensar de forma diferente. Tres kilómetros de horror por las calles sevillanas, aunque para muchos se convertía en un espectáculo ¿Qué pensaría esa pobre gente? ¿Qué sentirían? Ante esa crueldad, barbarie y espanto, muchos se retractaban de sus ideas y su fe heterodoxa. Sin embargo, hombres y mujeres de gran valentía, llevaron sus creencias y convicciones hasta el final. No los matemos de nuevo, olvidándonos de ellos. Esta concisa obra, que contiene códigos QR en cada capítulo para ubicar mejor al lector, pretende acercar a toda persona que valore la vida y la justicia a esa sombría parte de la historia sevillana. Una época donde el blanco azahar quedaba envuelto por las negras cenizas de los cuerpos abrasados.

ISBN: 979-8366164948